디지털 시대, 성공하는 브랜드 파워 전략

알아두면 돈이 되는 브랜딩

오토하타 미쓰오 감수 | 이정미 옮김

BRANDING

KB011758

BOOKERS

'디지털 시대'라는 말을 쓰기 시작한 지 꽤 오랜 시간이 흘렀습니다. 그런데 대체 디지털 시대란 무엇을 말하는 걸까요? 간단하게 말하면 '모든 데이터가 서로 연결되는 시대'라고 할 수 있습니다. 즉, 디지털 기술의 발달로 모든 정보가 서로 연관성을 갖는다는 말입니다.

이제 사람들은 많은 양의 정보를 쉽게 얻을 수 있습니다. 한편으로는 수많은 정보 중에서 무엇을 쓰고 버릴지 선택해야만 하지요. 그러다 보니 정보를 받아들이는 방식이 예전과는 달라졌습니다. 기존의 마케팅에서 쓰던 방법이 더 이상 통하지 않는 시대가 온 것입니다.

디지털 시대를 맞이한 지금, 기업 또는 브랜드 담당자가 수익을 내려면 어떻게 해야 할까요? 이 질문에 대한 대답 중 하나가 바로 책에서 소개하고 있는 '브랜딩'입니다.

'브랜딩'의 중요성을 실감한 건 제 경험을 통해서였습니다. 그동안 여러 회사를 다니면서 '브랜드를 활용하면 가격이 좀 올라도 잘 팔릴 텐데'라는 생각을 끊임없이 해왔기 때문이지요.

세계적인 기준으로 봤을 때 일본 기업과 브랜드의 수준은 매우 높은 편입니다. 이렇게 품질이 뛰어난 상품이 많은데 그 가치가 사람들에게 전달되지 않으니 참으로 안타까울 뿐이지요. 일본은 상품의 수준이 전체적으로 높아서 서로 차이가 크지 않다 보니 어느 한 제품만 눈에 띄기가 어렵습니다. 그래서 만든 사람도 제품의 진정한 가치를 깨닫지 못하기도 하지요. 이 때문에 경쟁사와의 점유율 싸움은 단순한 가격 경쟁이 돼버리고, 들인 노력에 비해서 수익도 나지 않는 상황에 빠질 때가 많습니다. 이러한 악순환에서 벗어나려면 바로 '브랜딩'이 필요합니다.

브랜딩이란 간단히 말해 '상품의 가치를 가능한 많은 사람에게 알리는 것'입니다. 가령 100의 가치를 지닌 상품이라도 고객에게 50밖에 전달되지 않는다면 그 상품의 가치는 50이 됩니다. 당연히 고객은 100이라는 가치에 해당하는 돈을 지불할 의사가 없으니 상품은 팔리지 않지요. 결국 기업은 어떻게 해서든 물건을 팔기 위해 가격을 내립니다. 지금까지 우리는 이런 식으로 가치 있는 상품을 그보다 낮은 가격에 팔아왔습니다.

하지만 브랜딩을 통해 고객에게 상품의 가치를 온전하게 전달할 수 있다면 가격을 내릴 필요 없이 100의 가치 그대로 상품을 팔 수 있습니다. 가치에 맞는 가격으로 물건을 팔 수 있다는 뜻이지요. 이처럼 브랜딩이란 상품의 가치를 있는 그대로 전달할 수 있는 방법입니다.

최근 브랜딩에 대한 관심이 높아지고 있는 데 반해 관련 도서는 일반인이 이해하기 어려운 내용으로 채워진 경우가 많았습니다. 또 지나치게 전문적인 방법을 다루다 보니 '브랜딩은 대기업에서나 하는 큰 규모의 일'이라는 인식이 강해졌지요. 하지만 브랜딩은 마음만 먹으면 누구나 쉽게 실천할 수 있으며 도전해 볼 만한 가치도 충분한 작업입니다. 중요한 것은 일단 '배워보려는 자세'가 아닐까요?

부디 이 책이 브랜딩을 배우고 싶은데 시간이 없거나, 짧은 시간 안에 관련 지식을 늘리고 싶은 분에게 브랜딩을 이해할 수 있는 계기가 되길 바랍니다.

오토하타 미쓰오

CONTENTS

CHAPTER 1 브랜딩이란?

CHAPTER 2 브랜딩의 전체적인 흐름 이해하기

CHAPTER 3 자사와 고객을 분석하고 차별화하는 법

CHAPTER 4 브랜드다움을 만들다

CHAPTER 5 브랜드다움을 알리다

CHAPTER 6 브랜딩 효과 측정하기

CHAPTER 7 성공 사례로 브랜딩 배우기

01 지금 기업에 브랜딩이 필요한 이유

디지털 시대를 맞이한 지금은 많은 기업과 브랜드가 쉽게 자취를 감추고 있다. 이제는 새로운 시대에 맞는 전략을 펼쳐야 살아남을 수 있다.

요즘 비즈니스 세계에서는 **브랜딩**이 매우 중요하다. 반면 일반 대중들은 브랜딩이 무엇인지 정확히 알지 못한다. 그렇다면 고객을 포함한 대부분의 사람이 특별히 의식하지 않는 브랜딩이 지금 주목받는 이유는 무엇일까. **이는 이제껏 해왔던 '마케팅'만으로는 상품과 서비스가 더 이상 팔리지 않기 때문이다.** 여기에는 인터넷과 SNS의 보급을 가장 큰 원인으로 들 수 있다. 이제 고객은 스스로 정보를 찾고 또 전달하면서 기존의 마케팅에서는 일방적으로 받기만 했던 정보를 물건을 사기 전에 직접 손에 넣을 수 있게 되었다. 말하자면 **상품 구매 방식이 달라진 것**이다. 지금까지 기업은 '물건만 좋으

브랜딩이 필요한 이유

과거
SNS시대
이번에 출시된 최신 아이템입니다
멋진데, 사야겠어!
수동적인 타깃에게 일방적으로 정보를 전달함
최신 아이템 출시!
음. 하지만 다른 게 더 좋아
스스로 정보를 모으고 판단함

면 잘 팔린다'고 생각해왔지만 디지털 시대로 바뀐 현대 사회에서는 더 이상 이 공식이 성립하지 않는다. 이제는 기업이 상품에 관한 **정보 전달**을 해도 방대한 양의 정보에 묻혀서 고객의 눈을 사로잡기 어렵다. 상품이 아무리 좋아도 그 가치가 전달되지 않으니 팔리지 않는 것이다. 또한 경쟁사와 품질과 가격이 비슷하다면 상품을 고를 때 '내가 이 브랜드를 좋아하느냐 하지 않느냐'가 중요한 판단 기준이 된다. 이 고객의 '호불호', 다시 말해 **정서적 가치를 만드는 것이 브랜드이며 이를 위해 반드시 브랜딩이 필요하다.**

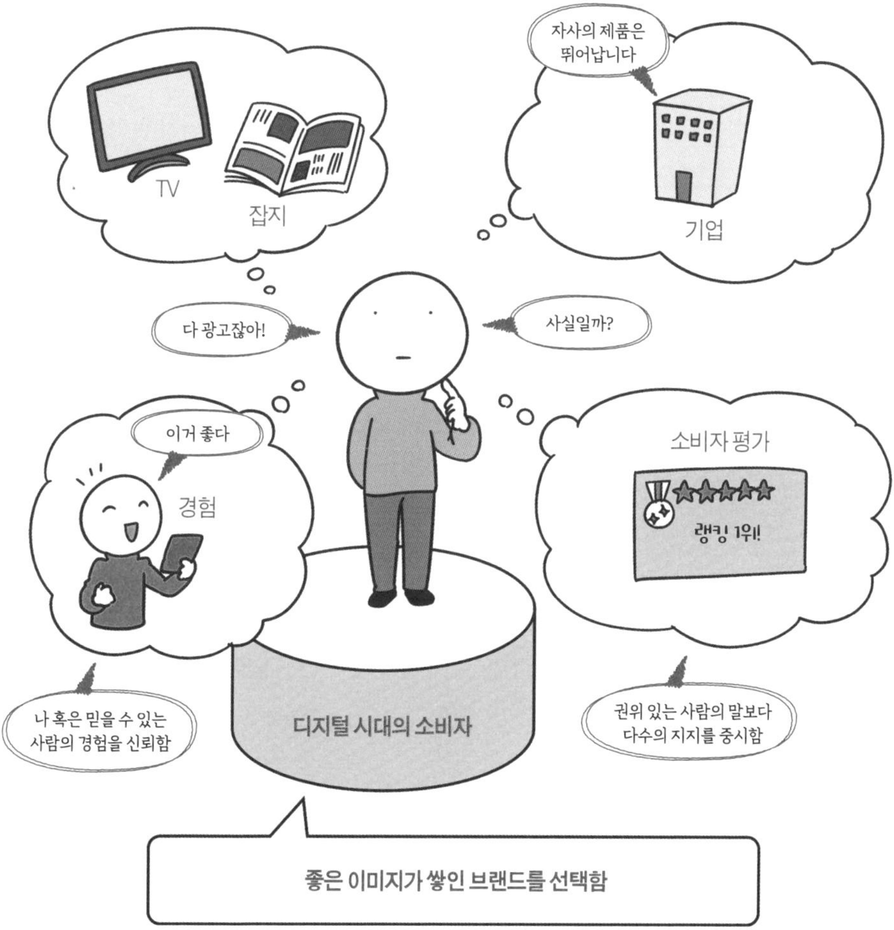
TV
잡지
자사의 제품은 뛰어납니다
기업
다 광고잖아!
사실일까?
이거 좋다
경험
소비자 평가
랭킹 1위!
나 혹은 믿을 수 있는 사람의 경험을 신뢰함
디지털 시대의 소비자
권위 있는 사람의 말보다 다수의 지지를 중시함
좋은 이미지가 쌓인 브랜드를 선택함

02 글로벌 시장에서 발휘되는 브랜딩의 힘

외국에서 만든 신제품은 아무래도 믿고 구매하기가 어렵다. 글로벌 시장에서는 이런 물건을 브랜드 전략을 통해 '가치 있는 상품'으로 바꾸는 것이 중요하다.

요즘은 경제 활동에 관한 제약이 없어서 거대한 **글로벌 기업**이 세계 곳곳에 진출해 있다. 이는 어느 나라나 마찬가지다. 그래서 소비가 다소 침체되어 있는 국내 시장에도 세계적인 글로벌 기업이 많이 들어와 있다. 대부분의 글로벌 기업은 각국의 시장에 진출하기 전에 다양한 리서치를 통해 사전 준비를 하는데, 그중 하나가 '브랜딩'이다. **신규 시장에서는 기업에 대한 인지도가 낮고, 브랜드 이미지도 형성되지 않았기 때문에 우리가 어떤 브랜드인지 알리는 것이 무엇보다 중요하다.** 물론 기존의 상품과 경쟁하

글로벌 시장에서는 브랜딩이 필수다

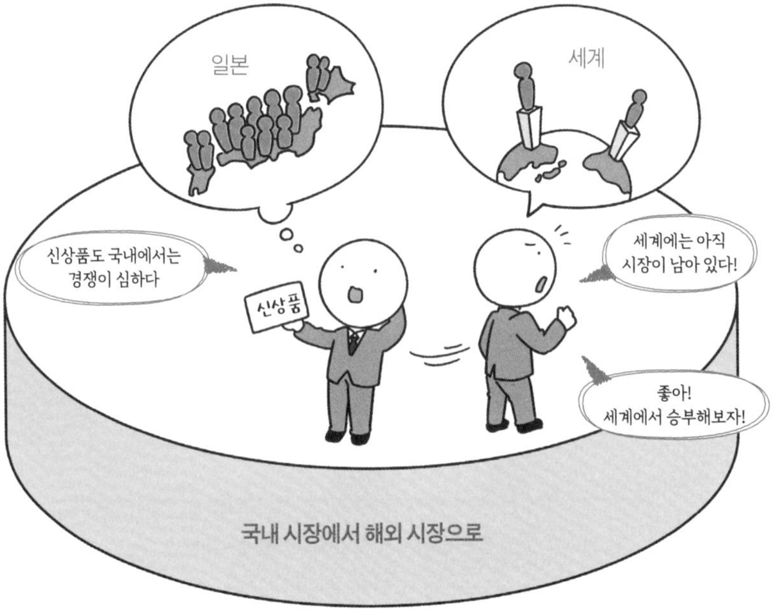
일본
세계
신상품도 국내에서는 경쟁이 심하다
신상품
세계에는 아직 시장이 남아 있다!
좋아! 세계에서 승부해보자!
국내 시장에서 해외 시장으로

기 위해 시장에 뛰어들고 제품의 장점을 내세워 시장 점유율을 올리는 것이 기본 전략이겠지만, 여기에도 타사와는 다른 우리만의 매력을 알리는 브랜드 전략을 빼놓을 수는 없다. 이때 염두에 둘 사항은 **가격 경쟁력**만으로 승부를 보려 해서는 안 된다는 점이다. 싼 가격만이 장점이라면 품질은 같으나 가격이 좀 더 싼 상품이 등장하는 순간 쉽게 자리를 빼앗긴다. 중요한 것은 가격이 아니라 그 상품이 가져다주는 '소비자 중심의 가치'다. **이 새로운 가치를 만들어 내는 것, 다시 말해 제품의 매력을 소비자들이 쉽게 받아들일 수 있도록 브랜드 전략을 통해 어필하는 것이 글로벌 시장에서는 필수다.**

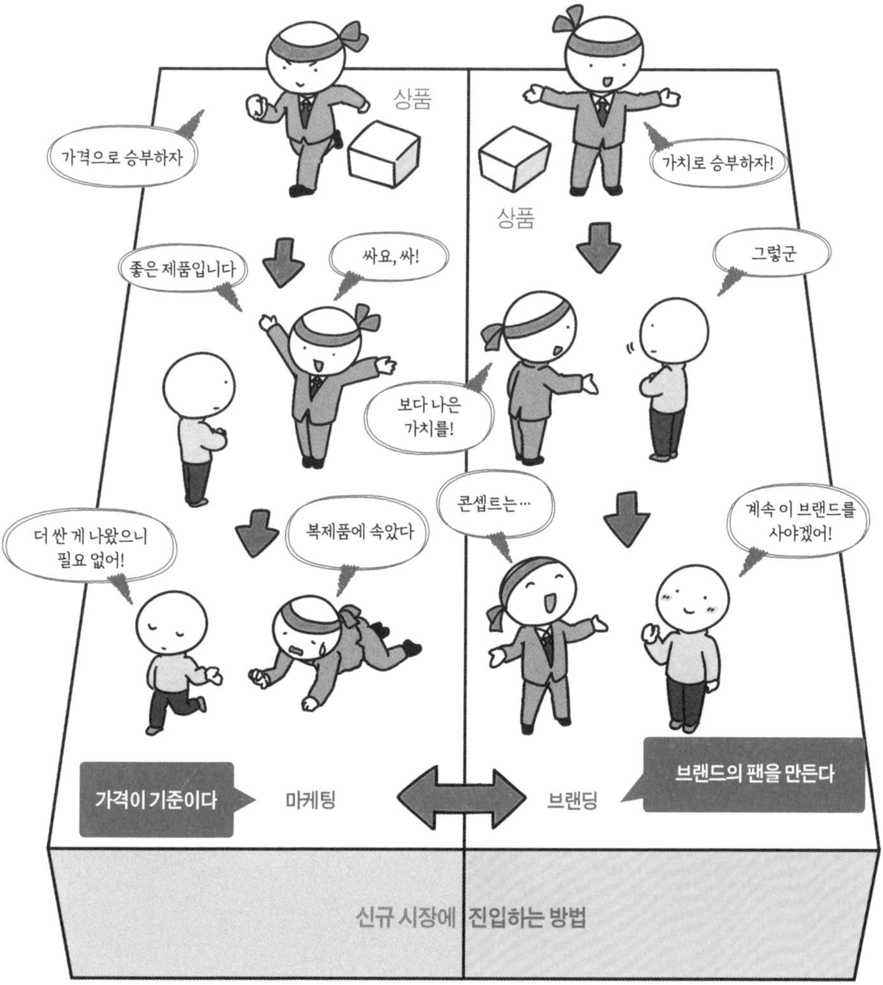
상품
가격으로 승부하자
좋은 제품입니다
싸요, 싸!
더 싼 게 나왔으니
필요 없어!
복제품에 속았다
가격이 기준이다
마케팅
상품
가치로 승부하자!
그렇군
보다 나은
가치를!
콘셉트는…
계속 이 브랜드를
사야겠어!
브랜드의 팬을 만든다
브랜딩
신규 시장에 진입하는 방법

03 기술력을 뛰어넘는 브랜드 파워

브랜드 파워가 커지면 가격 경쟁에서부터 인재 채용에 이르기까지 다양한 측면에서 이점이 생긴다. 브랜드 파워란 기업의 장기적인 이익을 창출하는 '자산'이다.

일본 기업은 일본인의 기질처럼 성실하게 일한다는 이미지가 있다. '좋은 상품을 싼 가격으로' 제공하겠다는 고객 중심의 생산 방식은 전후 일본 경제의 큰 특징이기도 했다. 하지만 **일본은 유럽이나 미국에 비해 어필하는 능력이 부족**하다는 단점이 있다. 글로벌 기업으로 성공하기 위해서는 어필하는 기술이 꼭 필요한데 말이다. 물론 여기서 말하는 **어필의 기술**이란 광고나 홍보와 같은 마케팅 전략만을 의미하지 않는다. **'이 브랜드에서는 어떤 상품과 서비스를 제공하는지' 소비자가 바로 떠올리게끔 만드는 브랜드 파워를 포함한다.**

뛰어난 기술을 보유하고 있는 일본 기업을 '브랜딩'이라는 측면에서 살펴보면 다소 안

어필의 기술이 성패를 좌우한다

물건만 좋으면 인정받을 수 있어
품질로 승부하자!
우리 회사의 제품은 모두 뛰어나요!
그러니 다음 제품도 당연히 좋죠!
어필 능력 부족, 장인 정신
일본
어필 능력이 뛰어남, 기억에 남음
해외

타까운 부분이 있다. 바로 '좋은 물건을 만들면 언젠가는 알아준다'는 과거 장인들이 가지고 있던 사고방식에서 아직도 벗어나지 못했다는 점이다. 이 때문에 애써 만든 훌륭한 상품이 많은 사람에게 사랑받을 기회를 놓치고 말았다. 일본의 높은 기술력은 전 세계에서 알아줄 정도지만 이와 같은 독보적인 기술력이 각각의 기업과 브랜드의 이미지로 연결되어 평가받지 못한 것은 참으로 아쉽다. **만약 브랜딩 전략을 통해 일본의 기술력이 브랜드 이미지로서 꾸준히 축적되었다면 실로 막강한 브랜드 파워를 지니게 됐을 것이다.** 브랜딩에 대한 개념과 사고방식이 기업 안에 뿌리내리고, 브랜드 이미지가 고객에게까지 전달되려면 경영진을 포함한 사원 전체가 브랜딩에 대해 확실히 이해해야 한다.

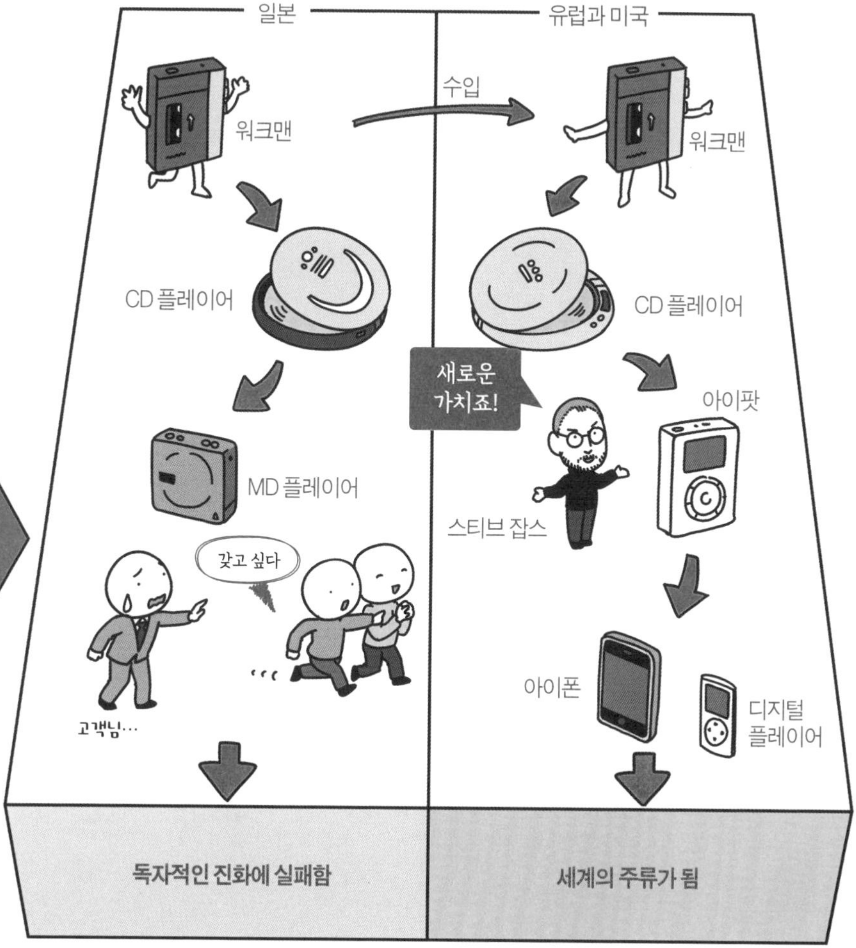

CHAPTER 1

브랜딩이란?

최근 글로벌 기업의 영향으로 국내에서도 브랜드 전략에 몰두하는 기업이 늘고 있지만 성공 사례는 많지 않다. 1장에서는 브랜딩이 왜 필요한지, 그리고 어떻게 하면 성공할 수 있을지 살펴보자.

B

01 브랜드란 무엇일까?

브랜드란 '패션 브랜드'에서처럼 상품만을 가리키는 개념이 아니다.
'기업 브랜드, 사업 브랜드, 상품 브랜드'와 같이 다양한 종류가 있다.

브랜드라고 하면 인기 많은 고급 패션 브랜드나 유명 자동차 브랜드를 떠올리는 사람이 많다. 하지만 **브랜드란 특정 상품이나 상표만을 가리키는 개념이 아니다.** 훨씬 다양한 종류와 의미가 있다. 예를 들면 기업이 제공하는 '서비스'도 브랜드며, '세븐일레븐'과 같은 상호나 '디즈니랜드'와 같은 놀이공원의 이름도 브랜드다. 또한 '구글', '유튜브'처럼 인터넷에서 제공되는 서비스와 스마트폰의 애플리케이션도 모두 브랜드의 일종이다.

브랜드란?

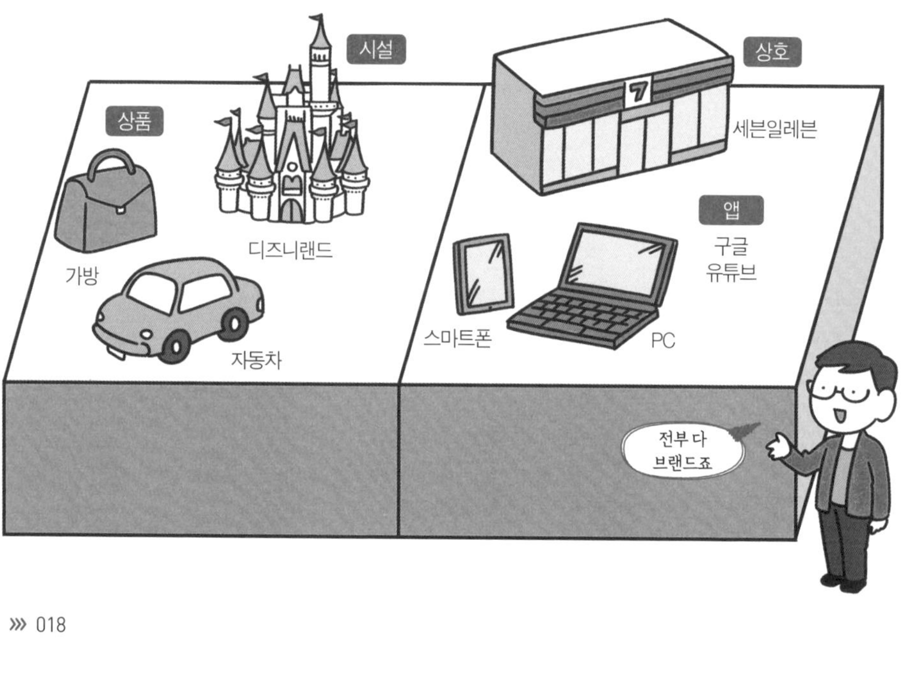

마찬가지로 기업도 브랜드다. 코카콜라의 경우 기업 브랜드와 상품 브랜드가 모두 코카콜라다. 양쪽 다 코카콜라여서 혼동하기 쉽지만 기업 브랜드로서의 코카콜라와 상품 브랜드로서의 코카콜라는 맡은 역할이나 소비자에게 전달하는 메시지가 미묘하게 달라서 주의해야 한다. 이는 브랜드에도 계층이 있어서 기업 브랜드와 상품 브랜드를 구분해서 생각해야 함을 뜻한다. **일반적으로 브랜드의 계층 구조에는 기업 전체를 나타내는 '기업 브랜드', 그 기업에 속한 사업체를 가리키는 '사업 브랜드', 개별 상품과 서비스를 가리키는 '상품 브랜드'가 있다.** 나아가 상품 브랜드 안에는 '서브 브랜드', '시리즈 브랜드' 등이 있다.

☑브랜드의 계층 구조(예: 유니클로)

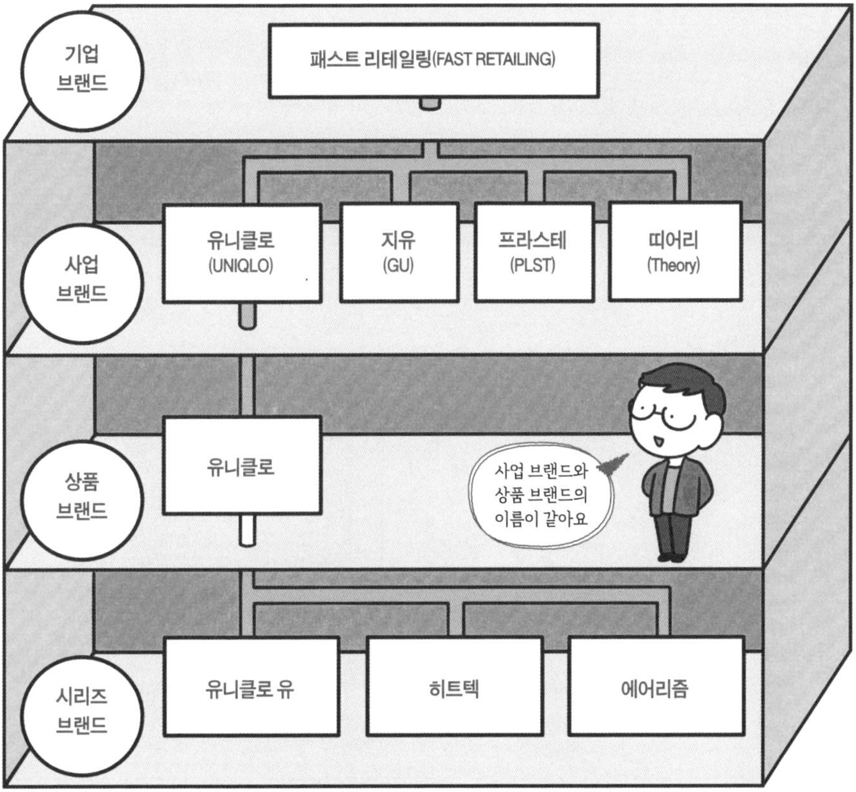

02 브랜드의 역할은 무엇인가?

브랜드에도 계층이 있다는 사실을 알았으니
이제 우리 주변에 어떤 브랜드가 있는지 살펴보자.

'브랜드' 하면 비싸지만 품질이 좋고 믿을 수 있다는 인식이 있다. 하지만 원래 브랜드의 의미는 좋든 싫든 그 회사나 상품의 이미지 자체를 가리키는 것으로 비싸고 좋은 제품만을 뜻하진 않는다. 품질이 우수하고 가격이 높은 상품을 판매하는 일부 브랜드의 이미지가 '**브랜드 상품** = 고급 상품'이라는 인식을 만들었지만, **사실 우리가 눈치 채지 못했을 뿐 주변에는 수없이 많은 브랜드가 존재한다.** 예를 들면 편의점에 진열된 상품 하나하나도 모두 브랜드다. 우리가 별생각 없이 접하고 있는 수많은 상표와 시리즈 이름이 모두 브랜드인 것이다.

브랜드의 역할

☑선택을 돕는다

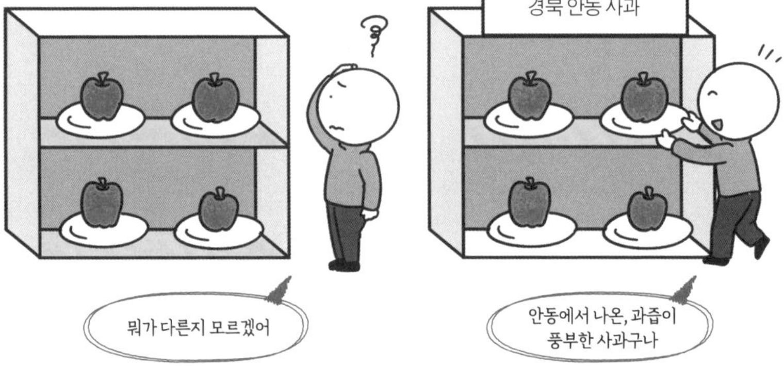
경북 안동 사과
뭐가 다른지 모르겠어
안동에서 나온, 과즙이 풍부한 사과구나

같은 종류의 상품이 나란히 진열되어 있을 때 사람들은 무의식적으로 브랜드를 보고 상품을 고르듯이, 브랜드는 소비자가 상품을 선택할 때 돕는 역할을 한다. 브랜드 상품은 타깃 연령층을 세세하게 나눠서 판매 대상을 구분해 놓기 때문에 소비자는 브랜드만 보고도 이 상품이 나에게 필요한지 아닌지 금세 알 수 있다. 또한 판매자 입장에서는 브랜드를 통해 여러 물건 속에서 자사 상품만의 특징을 알릴 수 있기 때문에 타깃에게 물건을 팔 기회가 늘어난다. 이처럼 **브랜드는 판매자와 소비자 간의 정보 교환을 간단하게 해결해 준다.**

☑상품 선택의 폭을 좁혀준다

A사
B사
상품이 너무 많은데 무슨 기준으로 골라야 할까요?
늘 사용하시던 B사의 제품 중에서 선택하세요
늘 변함없는
이런 특징의 상품입니다
한번 써 보세요
잘 모르시겠지만
이런 특징의 상품입니다
안심이야!
어쩐지 불안한데…
브랜드
비(非) 브랜드
고르기 쉽네
고르기 어려워

03 장기적인 이익을 창출하는 브랜드

브랜드 파워가 커지면 가격 경쟁에서부터 인재 채용에 이르기까지 다양한 측면에서 이점이 생긴다. 브랜드 파워란 기업의 장기적인 이익을 창출하는 '자산'이다.

브랜드는 장기적인 이익을 창출하는 무형자산이며, 브랜드 파워가 커지면 여러 가지 이점이 생긴다. 먼저 할인 판매나 가격 경쟁을 할 필요가 없다. 다시 말해 **경쟁사와 가격 경쟁을 하지 않아도 이익을 확보할 수 있다.** 두 번째 이점은 고객이 브랜드의 상품과 서비스에 한번 호감이 생기면 단골손님이 될 확률이 높다는 것이다. 단골손님은 항상 그 브랜드의 물건만 사기 때문에 장기적인 이익이 확보되는 셈이다. 하지만 여기에는 위험도 따른다. 만약 그 손님이 브랜드에 실망하면 같은 브랜드의 다른 상품도 구매하지 않기 때문이다. 브랜드 파워의 세 번째 이점은 **고객이 팬이 되어서 스스로 홍보**

브랜드의 다섯 가지 이점

❶ 가격을 내리지 않아도 됨
SALE
죄송합니다. 저희 제품은 할인을 하지 않습니다
네?
판매점
하긴 이 브랜드라면 그럴 만해
❷ 고객이 단골손님이 됨
매번 감사합니다
또 사버렸네
다음 제품은 언제 나오려나
점원
또 들러주세요

를 맡아준다는 것이다. 최근에는 유튜브, 페이스북, 인스타그램, 트위터 등 SNS가 발달하면서 주변 사람뿐 아니라 불특정 다수에게 정보를 전달할 수 있게 되었다. 이 때문에 고객이 직접 하는 상품의 홍보 효과는 나날이 커지고 있다. 네 번째는 **브랜드 파워가 올라가면 직원들의 의욕도 함께 올라간다.** 의무감에 물건을 파는 사람과 진심으로 물건을 파는 사람 사이에는 커다란 차이가 생긴다. 직원이 진심으로 상품을 팔고 싶다고 생각하면 눈에 띄게 매상이 올라가는 이유가 여기에 있다. 다섯 번째 이점은 **우수한 인재를 채용하기 쉬워진다는 점이다.** 브랜드 파워가 올라가면 그 회사에서 일하고 싶다고 생각하는 사람이 많아져서 자연스럽게 인재가 모인다

❸ 고객이 직접 홍보를 해줌
그렇구나!
그 브랜드 좋더라고
❹ 직원들의 의욕이 올라감
좋아! 열심히 팔아야지!
❺ 우수한 인재가 모임
유명 브랜드잖아
명품 브랜드
저 브랜드에서 일하고 싶어!
훌륭한 인재를 채용하기 위한 비용이 들지 않음
브랜드에는 자산 가치를 올려주는 '자본 이익'*과
그 자산을 바탕으로 얻는 '소득 이익'*이 있습니다!

* **자본 이익** 주식 매매, 부동산 투기와 같이 자산의 가격 상승으로 인해 발생하는 이익. 캐피털게인(capital gain)이라고도 한다.

* **소득 이익** 이자나 배당금같이 금융 상품을 일정 기간 보유했을 때 얻는 이익. 인컴게인(income gain)이라고도 한다.

04 고객은 가격보다 가치를 먼저 생각한다

상품과 서비스가 같은데도 고객이 더 많은 돈을 지불하는 데는 '브랜드 가치'가 작용하기 때문이다. 인기 브랜드에는 반드시 '브랜드 가치'가 있다.

같은 종류의 상품이라도 가게에 따라 가격이 다른 경우가 있다. 예를 들면 종이컵에 스타벅스 로고가 새겨진 커피와 이디야 로고가 새겨진 커피처럼 말이다. 커피의 종류와 양이 같다고 가정하면 스타벅스에서는 약 4,500원인 아메리카노가 이디야에서는 3,200원에 팔린다. 무려 1,300원이나 차이가 나는 셈이다. 그런데도 사람들은 왜 스타벅스에 가는 걸까? 우리는 그 이유에 주목해야 한다. 많은 사람이 **더 비싼 값을 치르더라도 스타벅스에 가는 이유는 스타벅스 커피를 마실 때 느끼는 '특별함' 때문**이다. 또 바리스타가 직접 내려주는 커피를 마실 수 있다는 점과 공간이 주는 분위기도 스타벅스

고객이 더 비싼 커피를 마시는 이유

스타벅스
1잔 4,500원
이디야
1잔 3,200원
어디로 갈까?
• 특별함을 느낄 수 있다
• 가격이 싸다

에 가는 이유 중 하나다. 즉, 스타벅스를 이용하는 사람들에게는 스타벅스라는 브랜드에는 이디야 커피보다 1,300원을 더 낼만한 가치가 있다고 여기는 것이다. 이처럼 **상품과 서비스의 내용이 같은데도 많은 사람이 더 큰 비용을 지불할 가치가 있다고 여긴다면 그 상품의 브랜드는 제 역할을 하고 있다**고 볼 수 있다. 이것이 바로 브랜드 가치이며 인기 브랜드에는 반드시 브랜드 가치가 있다. 그리고 이 '가치'에 지불하는 여분의 비용을 **가격 프리미엄**이라고 부른다.

공간이 주는 특별함이 좋아
스타벅스를 선택한 이유
• 스타벅스 커피를 마신다는 특별함
• 바리스타가 내려주는 커피
왜 스타벅스에 가냐면 말이죠
4,500원
3,200원
스타벅스
이디야
브랜드는 경제적 가치를 만든다
손님들은 무형의 가치에 1,300원을 더 낸답니다

05 할인은 브랜드 가치를 떨어뜨린다

특별한 이유 없이 할인 판매를 자주 하면 브랜드 가치가 떨어지고 신뢰를 잃는다. 브랜드 파워를 키우면 가격 할인을 하지 않아도 된다.

브랜드 파워를 키우면 상품의 가격을 내릴 필요가 없다. 예를 들어 10만 원에 산 물건이 다음날 5만 원에 팔린다면 고객은 틀림없이 실망할 것이다. 이것이 **할인 판매의 위험성**이다. **가격 할인은 브랜드의 신뢰도를 떨어뜨리고 가치에 손상을 입힌다.** 일부 명품 브랜드는 가격 인하나 할인 행사를 하지 않는 것으로 유명하다. 할인 판매가 브랜드 가치를 떨어뜨린다는 사실을 알고 있기 때문이다. 애초에 가격을 내려야만 팔린다면 그 상품에는 처음부터 가격만큼의 가치가 없었음을 의미한다.

고급 브랜드만 할인 판매를 하지 않는 것은 아니다. 미국의 트레이더 조스Trader Joe's

할인 판매의 역효과

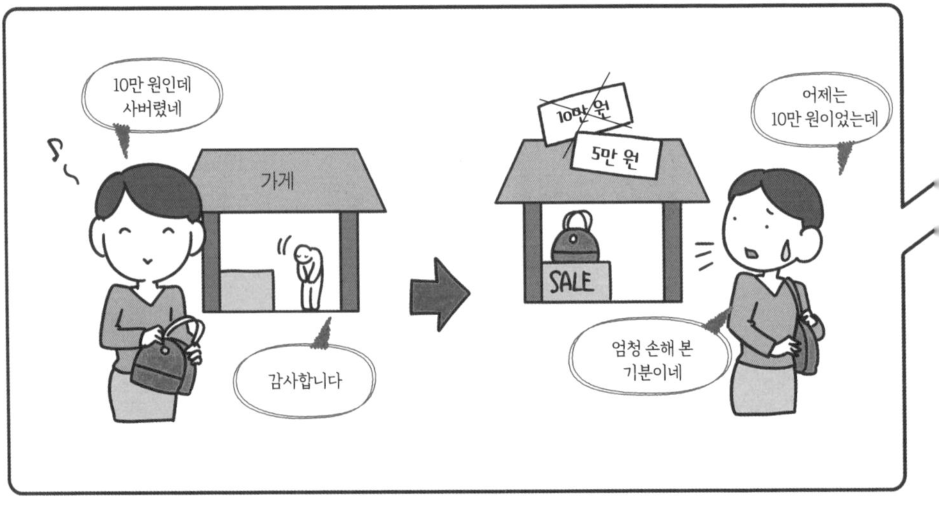
10만 원인데
사버렸네
가게
감사합니다
10만 원
5만 원
SALE
어제는
10만 원이었는데
엄청 손해 본
기분이네

는 아마존, 코스트코, 월마트 등의 다른 유통업체와 달리 온라인 판매를 하지 않고 배송도 하지 않는다. 또한 할인 판매나 프로모션도 없다. 유기농 제품임에도 합리적인 가격 때문에 고객을 만족시킨다. 게다가 판매 제품 중 80% 이상이 자체 브랜드로, 팬덤을 형성하며 지속해서 독자적인 매력과 가치를 추구하고 있다. **여기서 핵심은 손님이 그 가게에서 제공하는 어떤 '가치'에 끌렸느냐는 것이다.** 싼 가격만을 원해서 찾아왔다면 경쟁사에서 더 싼 가격을 내거는 순간 그쪽으로 가버릴 것이다. 특별한 이유 없이 하는 할인 판매로는 손님을 오래 붙잡아 둘 수 없다.

06 신념 없는 브랜드는 신뢰받지 못한다

단순히 화려하고 멋지기만 한 브랜드는 오래가지 못한다. 확고한 브랜드 신념으로 고객들과 '공감대'를 형성해야만 장기적으로 성공할 수 있다.

사업을 장기적으로 성공시키려면 고객의 **브랜드 공감**이 필요하다. 이를 위해서는 **브랜드의 이념과 신념, 그리고 가치관이 중요하다. 확고한 신념이 없는 브랜드는 고객의 공감을 살 수 없기 때문이다.** 겉보기에 화려하고 멋진 브랜드는 많지만 그것만으로는 오래가지 못할 확률이 높다. 강한 브랜드 파워는 기업만의 신념과 이념을 통해 고객의 공감을 얻으면서 오랜 시간 동안 쌓아 온 결과물이다.

대부분의 기업은 기업 이념과 기업으로서 마땅히 해야 할 일인 사명 즉, **미션**을 가

브랜드에 대한 공감 얻기

이념, 신념, 가치관은 브랜드의 심장
브랜드
저 브랜드는 믿음이 가
전에 스마트폰에서 본 적 있어
고객

지고 있다. **그 브랜드는 무엇을 위해 존재하는지, 기업으로서의 사명은 다하고 있는지가 매우 중요한 문제이기 때문이다.** 그리고 기억해 둘 것은 신뢰를 얻는 데는 오랜 시간이 필요하지만 잃는 것은 한순간이라는 점이다. 식품 브랜드는 생산지를 속이거나 상품에 이물질이 들어가면 신뢰도가 바닥으로 떨어지고 브랜드 파워도 잃어버린다. 아무리 고객에게 '안전한 식품을 제공한다'는 사명을 내세운다 해도 이익을 우선한 나머지 이를 지키지 않으면 기업 이념은 그저 껍데기에 불과하다. **기업은 이익이 목적이 되어서는 안 되며 이보다는 책임을 앞세워야 한다.**

이 브랜드가 최고야
이거 괜찮은데
계속 구입
이런 브랜드가 있었구나
태블릿 PC, 스마트폰
사길 잘했어
브랜드 신뢰
신뢰를 얻는 데는 오랜 시간이 필요하지만 잃는 것은 한순간이죠.
사볼까
말한 거랑 다르잖아
브랜드 인지
신뢰 실추

07 브랜드 가치를 올려서 가격 프리미엄 유지하기

'브랜드 가치'란 그 브랜드에서 나오는 경제적 가치를 말한다.
한번 브랜드가 확립되면 계속 가격 프리미엄을 유지할 수 있다.

토지나 설비 같은 눈에 보이는 자산만 기업의 가치를 올려주는 것은 아니다. **눈에 보이지 않는 기술력이나 노하우는 물론이고 브랜드도 기업의 가치를 올려주는 자산 중 하나다.** 기술력이나 브랜드는 기업의 이익을 창출하는 '무형자산'에 속하며, 브랜드에는 '자사의 고객층과 조직력'도 포함된다. 그동안 우리나라에서는 브랜드라는 무형자산의 중요성이 크게 강조되지 않다가 최근에서야 주목을 받기 시작했다. **이는 브랜드 가치가 일종의 경제적 가치라는 인식이 퍼졌기 때문이다.** 앞에서 말했듯이 커

기업의 무형자산 안에는 브랜드가 있다

브랜드
기술력
기업
브랜드도 기업의 가치를
올려주는 자산이에요

피의 종류와 양이 같은데도 고객이 더 비싼 커피를 선택하는 데는 브랜드 가치가 작용하기 때문이다. 브랜드는 원래 '기업과 상품에 관한 이미지'라는 뜻으로 하나의 정보일 뿐이다. 하지만 그 정보가 기억되고 고객에게 전달되어 상품을 선택하게 만든다면 기업은 브랜드를 통해 가격 프리미엄을 얻을 수 있다. 이와 같은 경제적 가치를 얻기 위해 필요한 것이 브랜딩이며, 이제는 무형자산인 브랜드 가치를 올려서 가격 프리미엄을 유지하는 브랜딩이 사업 전략으로서도 매우 효과적임을 많은 사람이 인식하게 되었다.

3,200원
4,500원
커피의 종류는 같지만…
비(非)브랜드
유명 브랜드
브랜드 커피를 마시죠 유명 브랜드
이 금액의 차이가 가격 프리미엄이에요. 다른 상품보다 얼마나 가치가 높은지 보여주죠

KEY WORD ≫ ☑브랜드 체험, 인터브랜드, 톤앤매너, 터치포인트

08 기업의 가치를 올려주는 브랜딩

기업의 경제 활동에서 브랜딩은 매우 중요한 부분을 차지한다. 이에 따라 기업의 브랜딩 활동을 평가하는 각종 브랜딩 어워드도 많이 개최되고 있다.

브랜딩에 성공하려면 **전략을 세우고, 브랜드 체험을 위한 기반을 만들고 장소를 제공하는 등 다양한 브랜딩 활동에 일관성이 있어야 한다.** 유럽과 미국 그리고 글로벌 기업에서는 오래전부터 이를 알고 있었지만, 일본에서는 최근에야 일관적인 브랜딩 활동을 중요하게 인식하고 있다. 이에 따라 2018년부터 글로벌 컨설팅 회사 **인터브랜드***에서 우수한 브랜딩 활동을 펼쳐오는 기업과 단체, 사업 및 서비스를 평가하여 한 걸음 더 배우는 기회로 삼는 '재팬 브랜딩 어워드'를 개최하고 있다.

재팬 브랜딩 어워드에서는 브랜딩 활동에 일관성이 있는지, 또 브랜딩 활동이 사내

* **인터브랜드**(Interbrand): 세계 최대의 글로벌 브랜드 컨설팅 그룹으로 본사는 뉴욕에 있으며 전 세계에 13개 지점이 운영되고 있다. 매년 전 세계를 대표하는 '베스트 글로벌 브랜드'를 발표하며, 한국에서는 인터브랜드 서울 오피스에서 2013년부터 꾸준히 '베스트 코리아 브랜드'를 발표해왔다.

브랜딩 활동은 일관성이 중요하다

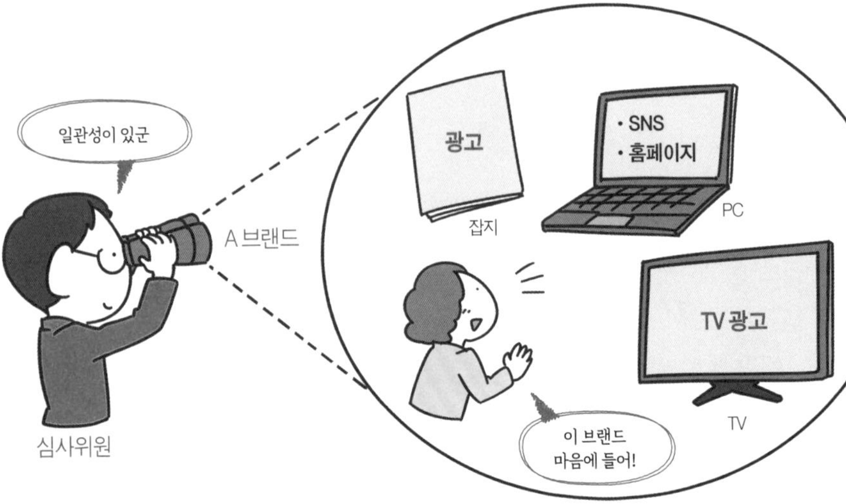

외에 철저하게 공유되면서 펼쳐지는지를 중점적으로 평가한다. 구체적으로는 '브랜드의 정의와 콘셉트 설정', '표현의 통일성과 **톤앤매너***의 확립', '각 **터치포인트**에 해당하는 전략 설정', '각 터치포인트에 해당하는 체험 제공'이라는 4가지 측면과 '활동의 성과'를 중심으로 자체 기준에 따라 분석 및 평가를 진행한다. 이러한 평가를 거쳐 우수하다고 인정받으면 브랜드 파워가 크고 이를 유지하는 능력이 뛰어나다는 의미이다. 또한 브랜딩이 우수하다면 그 기업의 경제 활동도 순조로움을 의미하기에 브랜딩에 대한 긍정적인 평가는 그 기업의 가치를 올리는 데도 기여한다. 따라서 브랜딩 활동을 진행할 때 인터브랜드의 평가를 염두에 두는 것도 좋은 방법이다.

* **톤앤매너:** 색감이나 색상, 분위기, 방향, 디자인 등 브랜드를 표현하는 일관된 콘셉트의 방법론.

☑ **재팬 브랜딩 어워드의 평가 기준**

09 브랜드 가치 평가 방법 3가지

가장 경쟁력 있는 무형 자산인 브랜드는 '비용 접근법', '시장 접근법', '수익 접근법'과 같은 3가지 방법으로 가치를 평가할 수 있다.

브랜드는 가장 경쟁력 있는 무형자산이다. 인터브랜드 재팬에서 펴낸 《브랜딩의 7가지 원칙》에 따르면 브랜드 가치를 구체적인 금액으로 환산하는 방법에는 3가지가 있다고 한다. **첫 번째는 '비용 접근법'**이다. 그 브랜드를 만드는 데 들어간 총비용을 말한다. 하지만 이 방법은 브랜드 개발에 들어간 모든 비용을 산출하기가 어렵다는 점과 투입된 비용이 미래의 이익과 위험을 나타낼 수는 없다는 점이 한계다. 게다가 개발에 비용을 많이 들일수록 브랜드 가치가 올라가기 때문에 합리적인 평가 방법이라 보기 어렵다.

브랜드 가치 평가 방법

❶ 비용 접근법
브랜드를 만드는 데 들어간 비용
총비용의 합계가
과연 브랜드
가치일까?
기타
인건비
광고, 홍보비
개발비
브랜드 가치

두 번째 방법은 '시장 접근법'이다. 시장의 가격을 바탕으로 하는 **브랜드 가치 평가** 방법이다. 비슷한 브랜드가 M&A되는 과정에서 드러난 거래가격을 참고하여 대상 브랜드의 가치를 평가한다. 하지만 브랜드는 개별성이 높아서 비슷한 대상과의 직접적인 비교가 어렵다는 문제가 있다. 마지막 **세 번째 방법은 수익 접근법**으로 브랜드가 만들어 낼 미래의 현금 흐름을 적정 할인율을 감안하여 현재의 가치로 환산하는 방법이다. 쉽게 말해 앞으로 브랜드가 벌어들일 수익을 현재의 가치로 계산하면 어느 정도인지를 파악하는 것이다. 이 방법 역시 미래의 수익은 예측하기 힘들다는 점, 적정 할인율 산정이 어렵다는 점 등의 한계는 있지만 세 가지 접근법 중에 가장 적절하다고 평가받고 있다.

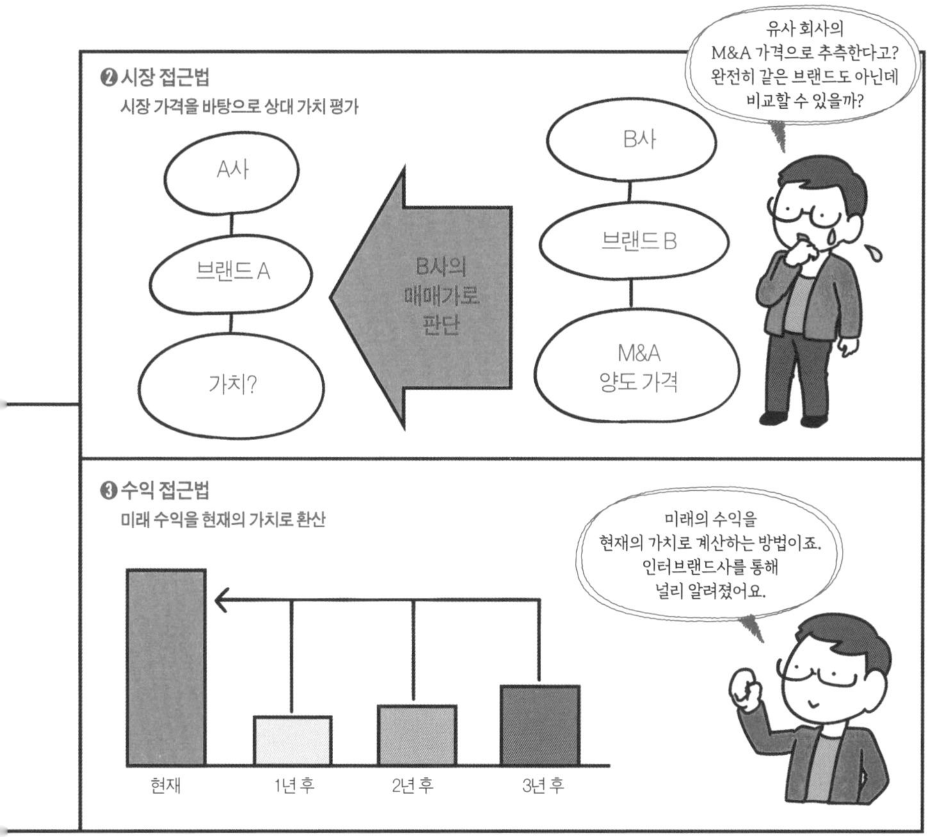
❷ 시장 접근법
시장 가격을 바탕으로 상대 가치 평가
A사
브랜드 A
가치?
B사의 매매가로 판단
B사
브랜드 B
M&A 양도 가격
유사 회사의 M&A 가격으로 추측한다고? 완전히 같은 브랜드도 아닌데 비교할 수 있을까?
❸ 수익 접근법
미래 수익을 현재의 가치로 환산
현재
1년 후
2년 후
3년 후
미래의 수익을 현재의 가치로 계산하는 방법이죠. 인터브랜드사를 통해 널리 알려졌어요.

10 수익 접근법으로 브랜드 가치 계산하기

브랜드가 벌어들일 미래의 수익을 현재의 가치로 계산하는 것이 '수익 접근법'이다. 수익 접근법을 활용할 때는 3가지 단계를 밟아야 한다.

여기서는 미래의 수익을 현재의 가치로 환산하는 '수익 접근법'으로 브랜드 가치를 계산하는 방법을 알아보고자 한다. '수익 접근법'에는 3가지 단계가 있는데, 첫 번째 단계가 재무분석이다. 브랜드가 앞으로 얼마큼의 수익을 낼지 재무 데이터를 바탕으로 금액을 환산한 다음, 여기에서 사업에 들어간 비용을 뺀 나머지인 경제적 이윤Economic Profit; EP을 계산하면 된다. 이는 기업이 1년 동안 벌어들인 부가가치를 의미하며, 이 경제적 이윤이 지속되는 기간을 예측해서 금액을 산출한다. 수익 접근법의 두 번째 단계는 '**브랜드 기여도**Role of Brand Index; RBI'를 계산하는 것이다. 브랜드 기여도란 고객이 상품을 구매하는 요인 중 브랜드가 차지하는 비율이 어느 정도인지를 나타내는 값이다. 1

수익 접근법으로 계산하기

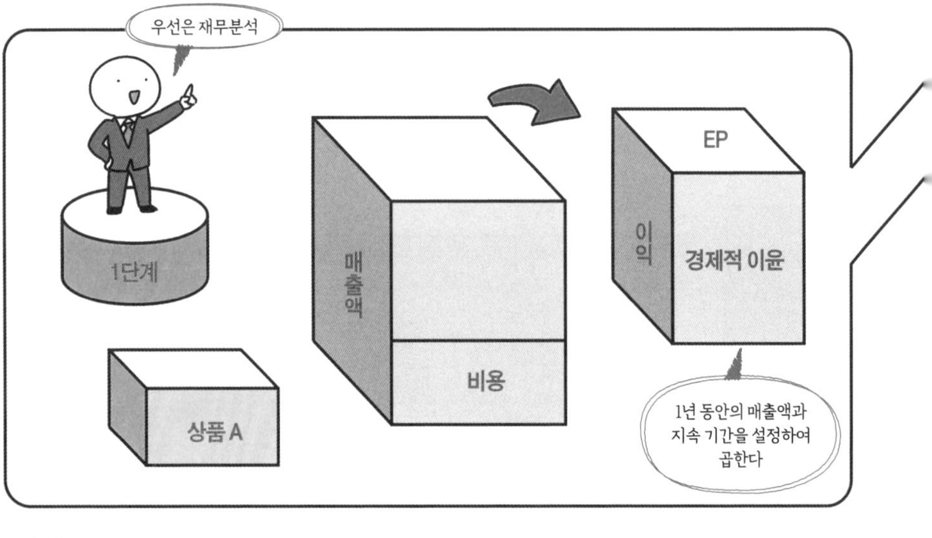

단계에서 계산한 경제적 이윤EP과 브랜드 기여도RBI를 곱하면 브랜드가 수익을 내는 데 얼마큼 공헌하고 있는지 수치화할 수 있다. 이 수치의 정확도를 높이는 과정이 마지막 3단계인 브랜드 강도 분석이다. '**브랜드 강도 지수**Brand Strength Score; BSS'를 알면 EP × RBI를 통해 얻은 수치가 얼마나 정확한지 평가해서 미래의 브랜드 가치를 현재의 가치로 환산할 수 있다. 인터브랜드에서는 브랜드 강도 지수를 산출하기 위해 10가지 지표(p.180~199 참고)를 활용하고 있다. 이처럼 '앞으로 기대되는 수익과 지속 기간', '매출액과 브랜드 기여도', '브랜드 강도 지수'를 알면 경쟁사와 비교해서 자사의 브랜드 가치가 어느 정도인지 파악할 수 있다.

다음은 브랜드 기여도
% (예)
브랜드
가격
= 60%
구매요인
2단계
EP
구매 요인 중 브랜드가 차지하는 비율
이걸로 끝이 아니에요
브랜드 강도 지수도 필요하죠
3단계
브랜드 강도 지수는 정확도를 따지는 거군요
설문조사를 활용할 수도 있어요
좀 더 간단한 방법은 없나요?
설문조사
복잡하다면 3단계는 자사의 방침을 따라도 돼요
대략적인 수치는 얻을 수 있어요

11 브랜딩과 마케팅의 관계

브랜딩과 마케팅의 차이를 정확하게 아는 사람은 많지 않다. 중요한 것은 마케팅 전략 안에 브랜드의 위치를 명확하게 설정하는 것이다.

브랜딩과 마케팅은 어떻게 다를까? 먼저 마케팅이란 시장을 세분화해서 특정 분야를 목표로 삼고, 상품을 누구에게 팔지 타깃을 설정한 다음, 경쟁사와 차별화하기 위한 포지셔닝을 정하는 활동으로 '물건을 팔기 위해 계획을 세우고 실행하는 일련의 과정'을 의미한다. 이때 중요한 것이 이른바 **4P 전략**으로 상품Product, 가격Price, 유통Place, 홍보Promotion를 어떻게 꾸려나갈지가 핵심이 된다. 쉽게 말해 **마케팅이란 '어떤 상품을 얼마의 가격으로 어디서 팔며 어떻게 홍보할 것이냐'에 관한 문제다.**

4P에서 4E로

그런데 SNS가 발달하면서 마케팅 전략이 기업 중심인 4P 전략에서 소비자 중심인 **4E 전략**으로 변화하고 있다. 즉, 상품은 경험Experience으로, 가격은 교환Exchange으로, 유통은 모든 장소Every Place로, 홍보는 전파Evangelism로 옮겨가고 있는 것이다. 이와 같은 마케팅 전략에서 브랜드의 위치를 설정할 때 기억해둘 사항은 '마케팅 전략 한가운데에 브랜드를 놓아야 한다'는 점이다. **브랜드 전략이란 4P, 4E와 같은 마케팅 활동을 통해 고객의 마음 안에 브랜드를 새겨놓는 작업으로 마케팅 전략은 브랜드를 고객에게 전달하기 위한 수단이다.**

☑ 마케팅 전략 중심에 있는 브랜드

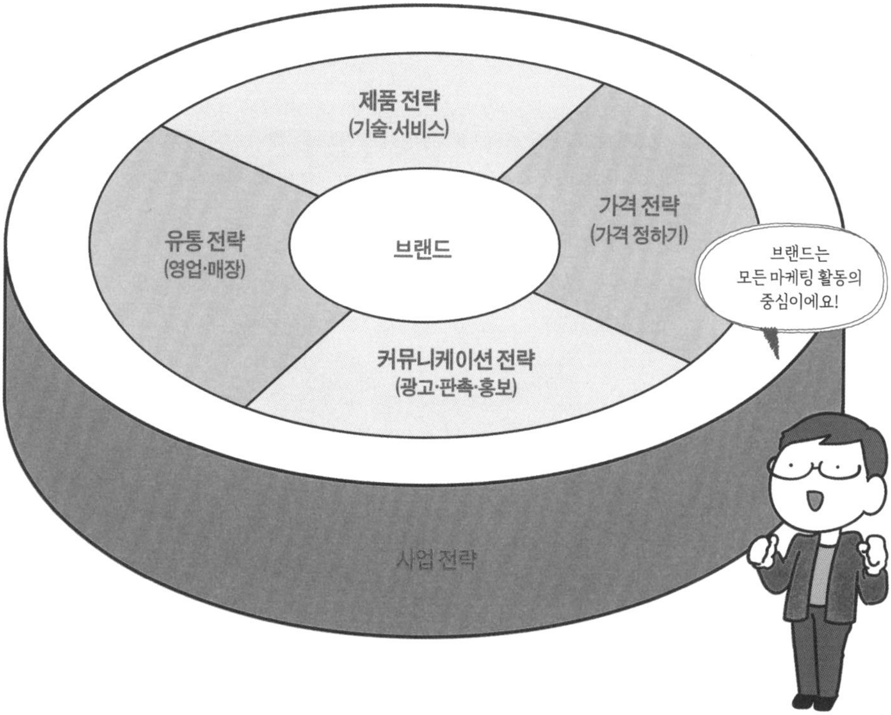

12 브랜딩의 성패는 전 직원의 의지에 달렸다

브랜드 전략을 실행할 때는 경영자와 전 직원이 하나가 되어 원하는 바를 이루기 위해 최선을 다해야 한다.

브랜딩의 성패는 '브랜드에 대한 전 직원의 강력한 의지'에 달려 있다. 즉, 경영자나 CEO 같은 윗선만이 아니라 기업의 실무를 맡은 직원들의 생각도 큰 부분을 차지한다는 뜻이다. 브랜딩을 시작할 때는 경영자와 직원, 양쪽의 생각을 하나로 모으는 것이 중요하다. 특히 **하향식**으로 브랜드 전략을 진행할 때는 회사의 경영자가 자사의 브랜드를 어떻게 이끌고 싶은지 명확하게 정리해서 공유하지 않으면 직원들이 열정적으로 일하기 어렵고 브랜딩도 순조롭지 않다.

브랜드 전략에 꼭 필요한 것은

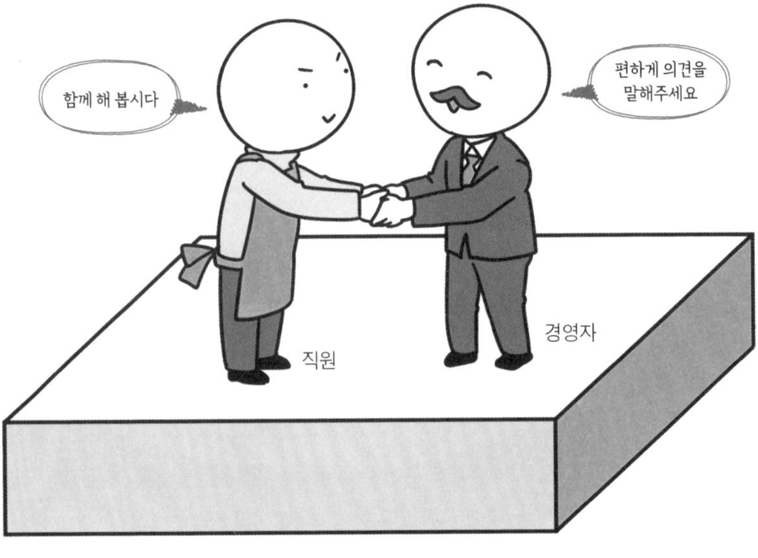
함께 해 봅시다
편하게 의견을
말해주세요
직원
경영자

세계적인 리딩 브랜드에서는 윗선에 있는 사람이 직접 선두에 서서 브랜딩을 이끄는 경우가 많다. 이처럼 하향식으로 브랜딩을 펼쳐나갈 때는 경영자가 신뢰와 존경을 받고, 직원들의 업무 의욕이 높아야 한다. 반대로 **상향식**으로 진행한다면 경영자부터 현장에서 일하는 직원까지 모두가 브랜드에 대한 강력한 의지를 갖고 이를 공유해야 한다. 하향식이든 상향식이든 기업의 경영자와 직원 모두가 '진심'이 되어야만 브랜딩에 성공할 수 있는 것이다. 결국 전 직원이 하나가 되어 원하는 목표를 이루기 위한 기업 활동에 적극적으로 참여하는 것이 브랜딩의 핵심 요소다.

☑하향식 top-down
너무 열정적인데
우리의 전략은
이렇게 합시다
반대 의견을 내기 어렵겠어
추진력은 좋지만 사내 공유가 안 됐군요
상향식에서는 경영자의 책무가 마지막 난관이지요
좋은데!
그래그래
이 콘셉트가 좋네요
브랜딩이 필요하겠어
☑상향식 bottom-up

13 브랜딩에 실패하는 이유

브랜딩의 중요성을 충분히 아는데도 결과가 좋지 않은 경우가 있다.
실패의 원인을 알면 성공으로 가는 길이 보인다.

브랜딩에 실패하는 사례를 보면 공통점이 있다. 이들 기업은 브랜딩의 중요성을 충분히 인지하고, 브랜드 가치를 올리기 위한 **이론**을 파악한 뒤, 조사 결과에 따라 거듭 전략을 수정한다. 여기에다 PDCA를 반복하는 실행력까지 갖추었음에도 브랜딩에 실패하기 일쑤다. 이러한 기업의 사례를 보면 브랜딩에 실패하는 원인을 찾을 수 있다. 바로 기존의 시스템과 사고방식 안에 갇혀 있다는 점이다. **근본적인 부분부터 고쳐가지 않으면 브랜딩 활동은 계속 실패로 끝나기 쉽다.**

지금까지 대부분의 기업은 자사의 시스템과 문화, 의사 결정 방식을 정해 놓고 **그**

반복되는 실패의 원인은 고정관념!

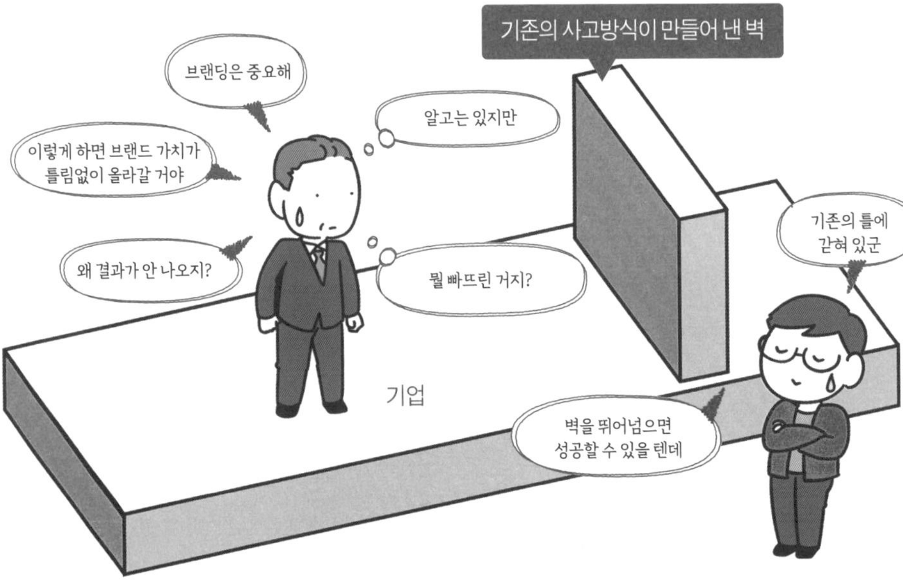
기존의 사고방식이 만들어 낸 벽
브랜딩은 중요해
알고는 있지만
이렇게 하면 브랜드 가치가 틀림없이 올라갈 거야
왜 결과가 안 나오지?
뭘 빠뜨린 거지?
기존의 틀에 갇혀 있군
기업
벽을 뛰어넘으면 성공할 수 있을 텐데

틀 안에서 개선점을 찾아내면 효율적으로 일하고 결과를 얻을 수 있었다. 따라서 기존의 틀을 뛰어넘는 새로운 발상이 나오긴 힘든 구조였다. 간혹 회사 밖으로 눈을 돌릴 때도 같은 업종의 경쟁사에서 시행한 **성공 사례**를 보고 따라 하는 데 그칠 뿐이었다. 하지만 브랜딩은 지금까지 가져왔던 사고방식에서 벗어나야 성공할 수 있다. 우리 기업이 기존의 틀에서 벗어나지 못하는 이유에는 '카리스마의 부재', '기술의 평준화', '전략의 부재' 등을 꼽을 수 있는데, **이러한 문제는 어떻게 대응하느냐에 따라 충분히 극복할 수 있으며 실제로 해결 방법을 찾아 실천해서 성공한 사례도 많다.** 변화하는 시대에 맞는 올바른 브랜딩 방법을 배우고 실천하면 기업의 성공을 이뤄낼 수 있을 것이다.

☑문제에는 해결 방법이 있다

❶ 카리스마의 부재
나를 따르라
강력한 리더십을 발휘하여 브랜딩을 이끌어가는 존재가 없음
경영자와 직원의 강력한 의지로 해결하자
❷ 기술의 평준화
우리도 지지 않는다고
기술력만으로 이기던 시대는 갔어
상품
중국
대만
기술력 이외의 강점을 찾아서 해결하자
❸ 전략의 부재
전략은 어떻게 세워야 하지?
브랜딩 방법을 배우고 실천해서 해결하자
문제는 해결법을 알면 쉽게 풀려요!
중요한 건 모든 직원이 진심으로 임하는 것이죠!

14 작은 기업일수록 브랜딩이 쉬운 이유

브랜딩은 대기업에서만 하는 것이 아니다.
중소기업도 자신만의 방법으로 브랜딩에 성공할 수 있다.

브랜딩은 광고나 디자인에 많은 비용이 들어가기 때문에 대기업에서 하는 것이라는 인식이 강하다. 하지만 중소기업도 자신만의 방법으로 브랜딩에 성공할 수 있다. 왜냐하면 **기업의 규모가 작을수록 브랜드의 개성을 극대화할 수 있기 때문이다.** 즉, 브랜드의 특징을 더 뚜렷하면서도 뾰족하게 드러낼 수 있다. 브랜드의 개성이 확실하면 **타깃층**이 좁아져서 목표 타겟의 이미지를 구체적으로 그릴 수 있다. 이에 따라 목표 타깃을 정확하게 겨냥한 전략이 세워진다.

중소기업의 브랜딩

대기업
A
B
C
중소기업
의견이 많아서
통일이 어렵다
중소기업의 강점
타깃을 구체적으로
설정할 수 있다

반면 대기업은 일정 규모 이상의 매출을 올려야 하므로 브랜드의 개성이 지나치게 뚜렷하면 상품을 많이 팔 수 없다는 딜레마를 안고 있다. **특정 고객층만을 타깃으로 삼으면 그만큼 시장 규모가 줄어들기 때문이다.** 하지만 타깃을 좁게 설정할수록 고객의 특징을 명확하게 잡을 수 있어서 브랜딩에 훨씬 유리하다. 또한 대기업에서는 특정 고객층을 대상으로 한 상품을 기획하려 해도 관계자들이 많다 보니 관련 부서와 임원들을 거치는 동안 뾰족했던 개성이 점점 무뎌지면서 평범하고 대중적인 상품으로 바뀌는 일이 잦다. **중소기업은 대기업에 비해 의사 결정이 빠르다는 강점**도 있다. 숨가쁘게 변해가는 디지털 시대에 고객의 욕구에 발맞추어 가려면 의사 결정이 빠른 회사가 경쟁사보다 먼저 상품을 세상에 내놓기 쉽다.

☑중소기업의 강점

❶ 브랜드의 개성을 극대화할 수 있다
특정 타깃만을 겨냥할 수 있다
과연! 여성들에게 딱 맞겠어
이렇게 갑시다
상사
감사합니다
개성이 뚜렷한 디자인
우리한테 딱 맞네
타깃층
❷ 의사 결정이 빠르다
그 계획대로 바로 실행하지
네
대표
디지털 시대에 딱 맞네!
PC
태블릿
스마트폰
TV
고객

한눈에 보는

브랜딩 용어

KEY WORD

>>> p.35

M&A

기업의 인수와 합병을 뜻하는 말로 'Mergers and Acquisitions'의 약자다. 둘 이상의 기업이 하나가 되는 합병과 타 기업을 매수하는 활동 전체를 가리킨다. 기업의 사업 확대나 승계, 신규 사업 진출, 자금 조달 등의 수단으로 활용된다.

KEY WORD

>>> p.36

경제적 이윤

기업이 만든 경제적 부가가치를 가리키는 지표. 줄여서 'EP(Economic Profit)'라고도 부른다. 투자의 척도나 직원의 업적을 평가하는 지표로 많이 사용된다. 이 수치가 플러스이면 부가가치를 생산하는 기업이라는 뜻으로 M&A 과정에서 가격 협상의 기준이 된다.

KEY WORD

>>> p.18, 136, 145, 184

상표

자사가 다루는 상품과 서비스를 타사와 구별하기 위해 사용하는 식별표식. 상표와 상표를 사용하는 상품 및 서비스는 하나의 권리로, 이를 특허청에서 인정받으면 10년간 상표권이 보장되며 존속기간갱신등록에 의해 10년씩 그 기간을 갱신할 수 있다.

KEY WORD

>>> p.35

현금 흐름

돈의 '유입·유출·수입·지출'과 같은 현금의 흐름(cash flow). 기업의 재무 활동(제조, 판매 서비스 제공 등)에서 얻은 수입에서 외부(이해관계자: 원료구입처, 유통업자, 판매점 등)로 나간 지출을 뺀 나머지 자금의 흐름을 가리킨다.

CHAPTER 2

브랜딩의 전체적인 흐름 이해하기

'브랜드'와 '브랜딩'이 무엇인지 이해했다면 이제 구체적으로 어떻게 브랜딩을 할지 알아보자. 2장에서는 브랜딩의 단계별로 필요한 요소를 대략적으로 살펴본다.

01 브랜드의 가치를 올리는 모든 활동이 브랜딩

'브랜드'라는 말은 자주 쓰이지만 상황에 따라 두루뭉술하게 사용될 때가 많다. 브랜딩을 배우려면 먼저 정확한 의미부터 알아야 한다.

현재 '브랜딩'이라는 말은 각자의 해석을 더해 두루뭉술하게 사용되고 있다. 따라서 먼저 브랜딩의 정확한 의미부터 알고 넘어가자. 브랜딩에는 크게 두 가지 의미가 있다. 첫 번째는 **광고나 홍보 전략, 그리고 활동을 의미한다.** 로고나 상품의 포장, 미디어 등을 활용해 소비자에게 브랜드 이미지를 전달하는 작업이다. 이는 많은 기업이 이미 알고 있는 개념인데, 사실 업계에서 선두를 달리는 **리딩 브랜드**는 브랜딩에 대한 시각이 이와는 다르다.

브랜딩 활동이란

브랜딩?
달라요!
성장
대기업
마케팅의 일종 아닌가?
유럽과 미국에서는 브랜드 전략으로 크게 성공한 사례가 많아요!
팔기 위한 전략이 아니라
팔리기 위한 브랜드 강화라고?

리딩 브랜드에서 말하는 브랜딩이란 원하는 브랜드 이미지에 도달하기 위해 하는 모든 활동을 가리킨다. '브랜딩 활동'은 이상적으로 생각하는 브랜드의 모습과 현실의 차이를 파악해서 이를 어떻게 해결할 수 있을지 분석한 다음, 계획을 실행하는 과정으로 브랜드 가치를 높이는 것이 핵심 목표다. **기업이 원하는 브랜드 이미지를 소비자에게 올바르게 인식시키고 공감 받도록 다양한 브랜딩 활동을 통해 브랜드 가치를 올리는 것이다.** 브랜딩 활동은 상품의 연구와 개발, 광고와 홍보 등을 포함한 마케팅에만 국한되지 않고, 원하는 브랜드상을 실현하기 위해서 각 분야의 사람과 소비자의 의식까지 개혁하고자 하는 활동이다.

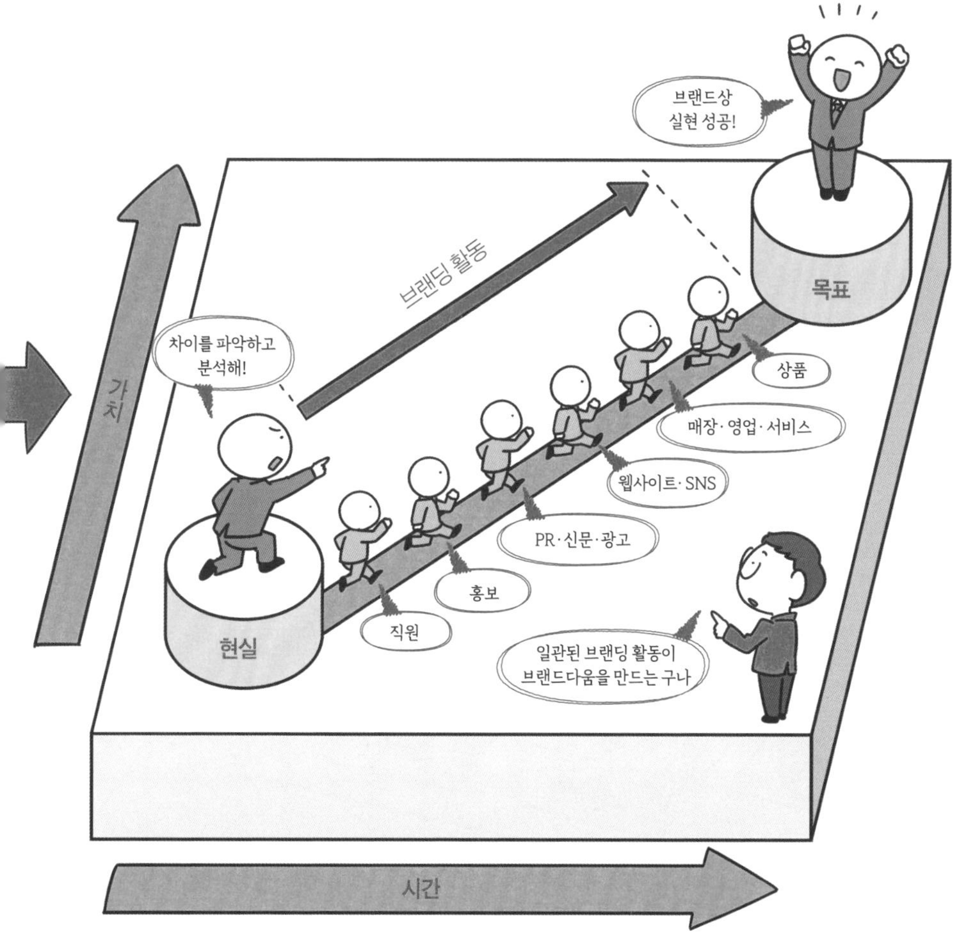

02 브랜딩 3단계와 8가지 요소

브랜드 가치를 강화하려면 8가지 요소가 필요하다.
여기에 주력하면 브랜딩을 순조롭게 진행할 수 있다.

브랜드 가치를 최대화하려면 총 3단계로 이루어지는 8가지 요소에 집중해야 한다. 1단계는 '조사·분석'으로 '자사 분석', '고객 분석', '경쟁사 분석'을 포함한다. 2단계는 '브랜드 전략 설정'으로 '**이상적인 브랜드상** 구축'이 핵심이다. 마지막은 전략을 실행하는 단계로 '브랜드 요소', '이너브랜딩', '아웃브랜딩', '효과 측정'이 여기에 속한다. 브랜딩을 할 때는 이 3가지 단계와 8가지 핵심 요소를 고려해야 성공할 수 있다.

1단계에서는 자사를 분석해서 자신만의 강점이 무엇인지 파악하고, 고객을 분석하

브랜딩 3단계와 8가지 요소

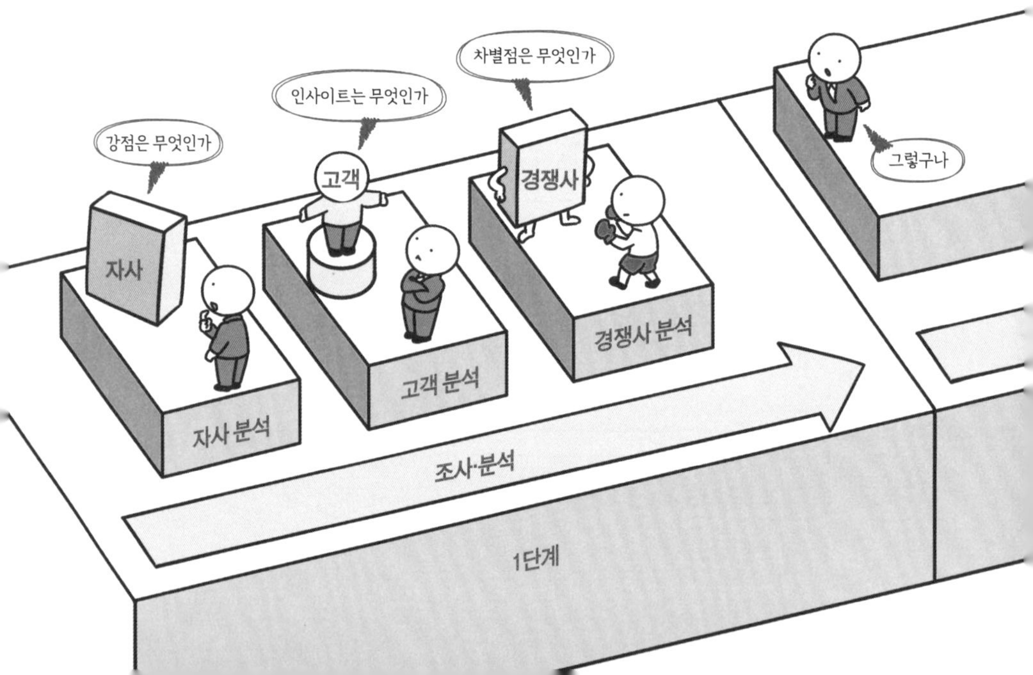

여 **고객 인사이트**를 이해하며, 경쟁사를 분석하여 타사와는 다른 우리만의 차별점을 찾아야 한다. 브랜드의 전략을 설정하는 2단계에서는 우리 브랜드가 소비자에게 제공할 가치는 무엇인지 이상적인 브랜드상을 명확하게 정의해야 한다. 그리고 3단계에서는 다양한 브랜드 요소를 통해 '브랜드다움'을 구축하고, 각종 브랜드 커뮤니케이션 활동으로 이를 관리해야 한다. 여기에서 '관리'란 사내외를 모두 포함하는데 사내에 브랜드다움을 알리는 작업은 '이너브랜딩', 일반 소비자에게 알리는 것은 '아웃브랜딩'으로 구분해서 진행한다. **'효과 측정'에서는 지금까지 실행해온 전략의 효과를 측정하고 더 나은 방법이 있다면 다음에 이를 반영하는 작업을 끊임없이 반복한다.**

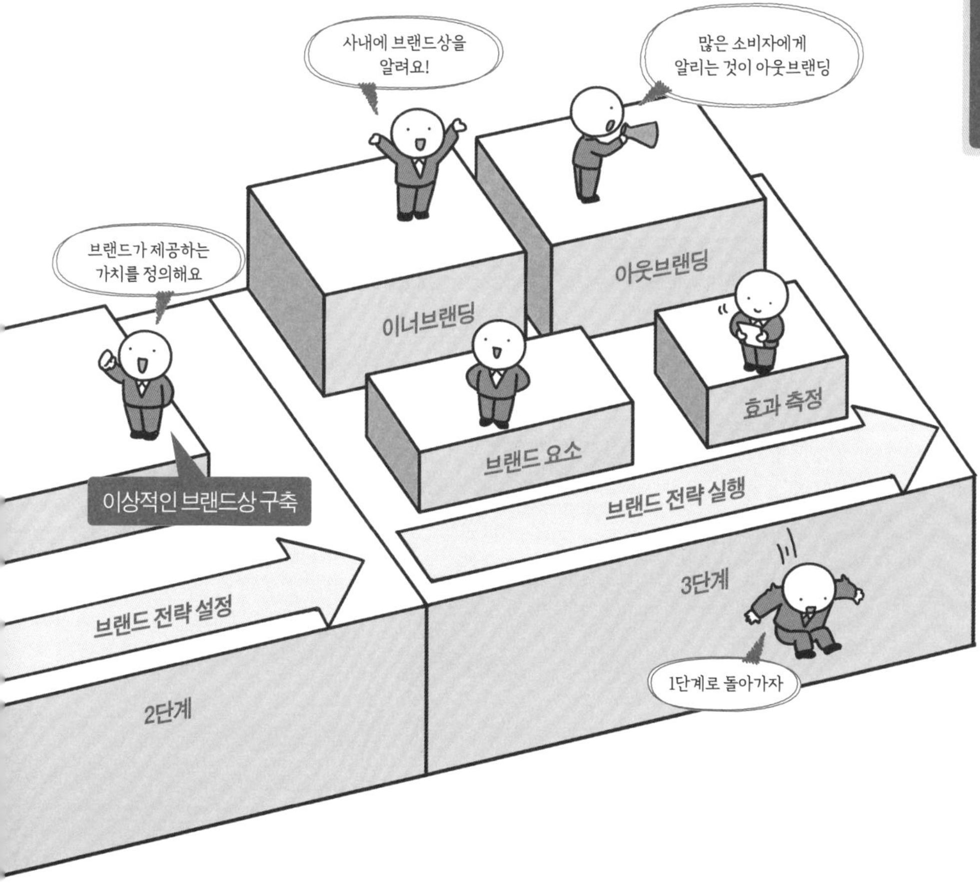

03 자사 분석으로 브랜드의 강점 찾기

지금부터는 앞에서 소개한 브랜딩의 8가지 요소를 하나씩 살펴본다. 마케팅이나 사업 전략을 세울 때와 마찬가지로 브랜딩에서도 가장 먼저 할 일은 '자사 분석'이다.

마케팅이나 사업전략을 세울 때와 마찬가지로 브랜딩을 하려면 먼저 자사와 자사의 브랜드를 분석해야 한다. 이는 이상과 현실을 정확하게 파악하는 동시에, 자사와 브랜드의 강점을 찾기 위해서 꼭 필요하다. **브랜드의 강점은 경쟁사에서는 흉내 낼 수 없는 독자적인 기술력이나 소재와 같은 눈에 보이는 요소 말고도 다양하다. 동종 업계에서 오랜 역사를 자랑하거나 시장 점유율이 높다면 이 점도 고객과 거래처에게는 신뢰를 주는 요소가 될 수 있다.** 최대한 다양한 항목을 살펴서 우리 브랜드만의 강점을 찾아

자사의 강점을 쌓아 올려서 우위에 서기

경쟁사
경쟁사는 상황이 좋아 보이네
시작
브랜딩을 시작하겠어
이기려면 어떻게 해야 할까?

보자. 또한 강점뿐 아니라 문제점을 찾는 것도 중요하다. 문제점을 파악할 때는 경쟁사로 인한 것인지 아니면 자사나 자사의 브랜드가 원인인지 등을 꼼꼼히 따져야 한다. 나아가 자사 브랜드의 **브랜드 자원**은 무엇인지, 비전과 **미션**은 무엇인지 등과 같은 항목도 파악해두어야 한다. 왜냐하면 브랜드의 비전이나 미션이 기업의 이념과 맞지 않으면 브랜딩 전략을 지속하기 어렵기 때문이다. 경쟁사와 비교해서 우리 브랜드는 어떤 점이 뛰어난지 찾았다면 다음은 이를 무기로 시장에 진입할 수 있는지 철저하게 조사해야 한다. **이때는 기존에 있던 시장만이 아니라 자사 브랜드의 강점을 원하는 고객의 욕구는 없는지 폭넓은 시각으로 바라보는 것이 중요하다.** 마찬가지로 기존의 터치포인트 이외에 새로운 소비자와의 접점을 찾아내려는 자세도 필요하다.

문제점에 걸려
넘어지면 안 돼!
우리의 강점은
한 단계 위!
안 되겠는 걸~
언제 이렇게
따라 잡혔지?
목표
미션과 비전을
파악하고
브랜드 자원을
찾아내고
하나씩 쌓아가자
이야, 브랜드
가치가 올라갔다

KEY WORD ☑고객 인사이트, 행동관찰조사, 버즈 분석, 커스터머 저니

04 소비자의 숨겨진 속마음, 고객 인사이트

잠재적인 욕구에 담긴 '고객 인사이트'는 브랜딩의 성패를 좌우하는 열쇠다. 숨겨져 있는 고객의 욕구를 파악하면 차별화된 브랜드 전략을 펼칠 수 있다.

브랜딩의 1단계에 해당하는 '고객 분석'은 경쟁사는 알지 못하는 시장의 욕구를 파악하기 위해 중요한 요소다. 하지만 대부분의 고객은 내가 왜 이 상품을 샀는지, 왜 그 매장을 선택했는지 정확하게 설명하지 못한다. 따라서 상품을 선택하고 매장을 고르는 고객의 표면적인 행동을 바탕으로, 마음속 깊은 곳에 있는 잠재적인 욕구를 꿰뚫어서 **고객의 진짜 속마음인 고객 인사이트를 알아내야 한다.**

요즘에는 언제 어디서든 물건을 살 수 있어서 시장이 그야말로 포화상태다. 이런 상

고객 인사이트

황에서 고객 분석을 하려면 기존의 정량 혹은 정성의 설문 조사만으로는 인사이트를 파악하고 잠재적인 욕구에 닿기가 쉽지 않다. 그래서 대상 고객의 행동을 직접 관찰하여 가설을 세우는 '**행동관찰조사**bthnography', SNS와 인터넷의 입소문을 분석하는 '**버즈 분석**buzz Analysis', 고객이 상품을 인지하고 구입한 뒤 활용하는 동안의 행동과 사고를 분석하는 '**커스터머 저니**customer journey' 등의 분석법이 활용되고 있다. 또한 최근에는 **인터넷 커뮤니티에서 사용자끼리 나눈 이야기나 고객과 직원의 대화에서 인사이트를 찾으려는 시도**도 브랜드 전략의 일환으로 널리 쓰이고 있다.

05 차별화를 위한 경쟁사 분석

브랜딩에서 '차별화'는 가장 핵심적인 부분이다. 차별화를 위해서는 브랜드 포지셔닝과 브랜드 퍼스널리티를 정해야 한다.

브랜딩을 할 때 '차별화'는 빼놓을 수 없는 부분이다. 즉, 우리 제품이 경쟁사와는 어떻게 다른지 보여줘야 하는 것이다. 물론 이 차이점을 고객에게 인식시키는 것도 중요하지만 애초에 고객이 여기에 특별한 가치를 느낄 수 있어야 한다. '○○ 하면 이 브랜드'와 같은 이미지가 고객의 머릿속에 형성돼 있다면 브랜드 파워가 크다는 뜻인데, 이를 위해서는 다른 제품과는 다른 독특한 특징이 있어야 한다. 따라서 **자사 브랜드의 강점과 상품의 포인트를 고객이 알기 쉽도록 차별점을 분명히 해둘 필요가 있다.** 그리고 이때 필요한 것이 경쟁사 분석이다.

브랜드 포지셔닝과 브랜드 퍼스널리티

☑브랜드 포지셔닝을 할 때는 다가올 미래를 바라보는 시각이 필요하다

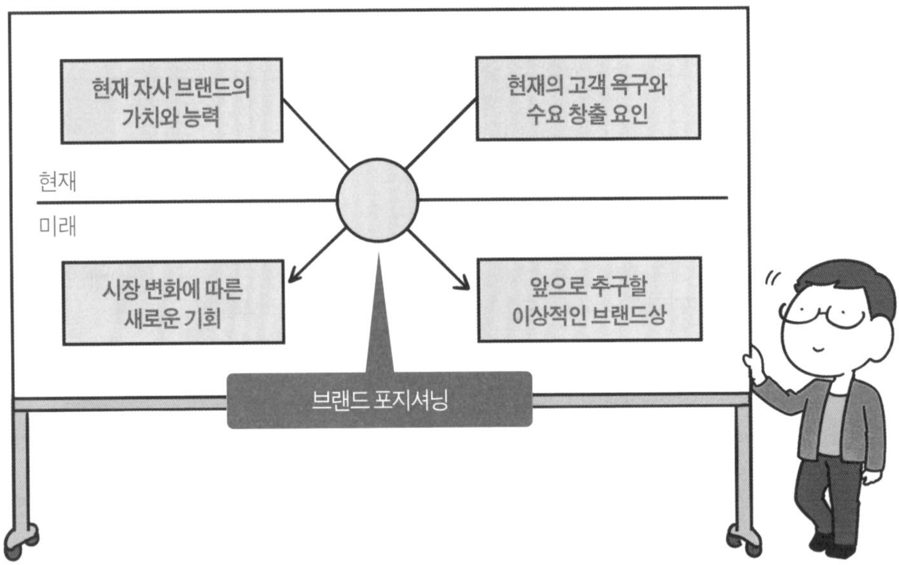

경쟁사 분석을 할 때는 브랜드의 개성을 의미하는 브랜드 퍼스널리티를 반드시 살펴야 한다. '브랜드 퍼스널리티'란 한 사람의 인격처럼 그 브랜드가 지닌 고유한 '개성'을 나타내는 말로 브랜드의 전체적인 이미지를 뜻한다. 타사와 자사의 브랜드 퍼스널리티를 비교하면 자사 브랜드의 강점을 부각할 수 있다. 그리고 이를 통해 시장의 변화에 따라 자사의 브랜드가 **'앞으로 어떠한 위치를 노려야 성공할 수 있을지'를 판단하는 브랜드 포지셔닝도 이끌어낼 수 있다.** 만일 자사의 브랜드 퍼스널리티와 포지셔닝이 타사와 비슷하다면 차별화 전략에 몰두해야 고객의 관심을 끌 수 있다. 이를 위해서는 자사만의 강점을 활용한 브랜드 퍼스널리티를 설정하거나 기존의 브랜드 퍼스널리티를 수정하는 과정이 필요하다.

☑브랜드 퍼스널리티

브랜드에 개성을 부여해서 다른 상품과 차별화하기

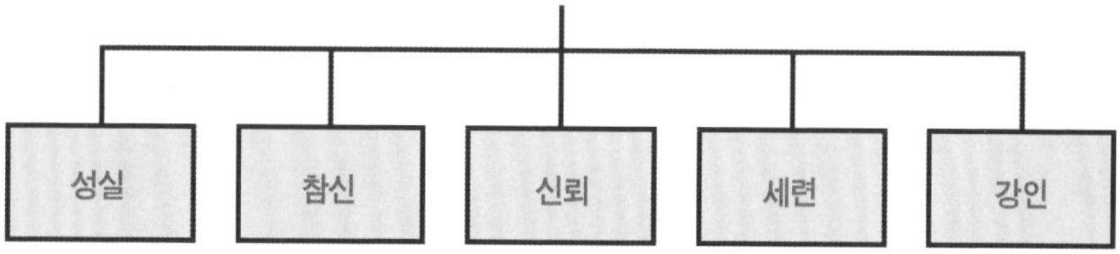

06 이상적인 브랜드상 설정하기

브랜딩을 하려면 자사가 지향하는 이상적인 브랜드상이 있어야 한다.
브랜드 가치가 높은 기업은 자사 브랜드만의 독자적인 핵심 개념을 가지고 있다.

기업이 원하는 이상적인 브랜드상, 즉 '브랜드의 핵심 개념'을 설정하는 것은 브랜딩에서 꼭 필요한 부분이다. **브랜드의 핵심 개념에는 '자사 브랜드만의 가치, 다른 브랜드와의 차이, 고객과의 약속, 직원들의 판단 기준, 브랜드의 존재 이유'가 포함된다.** 브랜드 가치가 높은 기업은 오직 그 브랜드만 실현할 수 있는 명확한 브랜드상을 가지고 있으며, 대표부터 직원까지 모두가 이를 이해하고 실천하기 위해 노력한다. 또 직원들에게 브랜드상을 심어주기 위한 교육도 진행한다.

브랜드의 핵심 개념 = 이상적인 브랜드상

브랜드가 존재하는 이유이기도 한 '브랜드상'은 기업의 커뮤니케이션 전략, 사업 전략, 유통 전략, 상품 전략, 인사 정책 등 모든 활동의 중심에 놓여야 한다. 이를 통해 **이상적인 브랜드상**이 명확해지고 브랜드 이념도 결정된다. **명확한 이념 없이 단순히 듣기 좋은 표현과 효과적인 문구로 커뮤니케이션 활동을 편다면 이는 진정한 브랜드상이라고 할 수 없으며 직원들이 결정을 내릴 때 필요한 판단 기준도 될 수 없다.** 아직 기업 이념이 명확하게 정리되지 않았다면 지금부터라도 이상적인 브랜드상을 설정해보자.

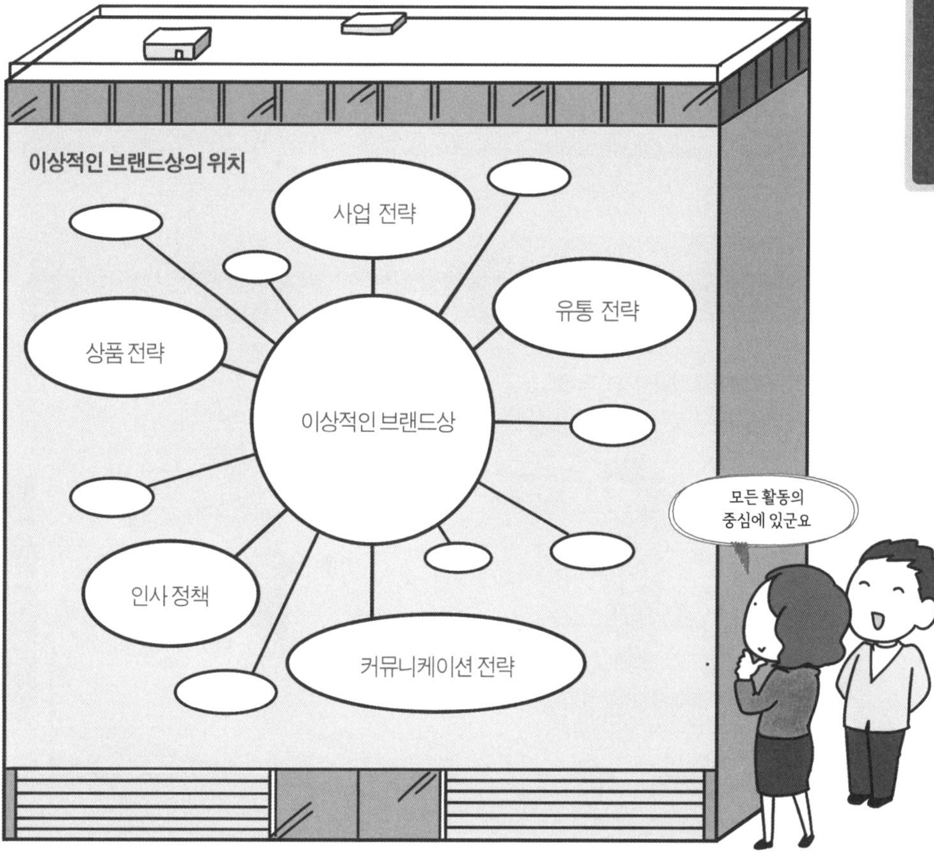

07 브랜드상을 표현하는 구체적인 지침 세우기

이상적인 브랜드상을 실현하려면 그 브랜드와 어울리는 말투, 색깔과 디자인 등을 세세하게 결정해야 한다.

이상적인 브랜드상이 정해지면 이제는 이를 어떻게 표현할지 구체적으로 고민해야 한다. **아무리 훌륭하고 차별화된 브랜드상이라도 고객을 포함한 이해관계자에게 이 점이 전달되지 않으면 의미가 없기 때문이다.** 고객은 기업과의 다양한 접점, 즉 터치포인트를 통해 브랜드를 인지한다. 브랜드를 키우려면 이 터치포인트를 활용해 브랜드의 특징인 **브랜드다움**을 간단하고 분명한 말로 표현하고, 브랜드 체험을 제공하여 고객의 머릿속에 브랜드 이미지를 차곡차곡 쌓아야 한다.

'브랜드다움'을 전달할 때는 간단하고 분명하게

☑간단하고 분명하게 전달하지 않으면…

이 브랜드는 ○○하고 ××하고, △△해서 그러니까…
뭐가 대단하다는 거지?
전혀 와 닿지 않아
고객
브랜드 발표회

브랜드 체험을 제공하려면 자사의 브랜드상에 맞춰 **고객에게 우리 브랜드를 어떻게 인지시킬지 정해야 한다. 이때는 어떤 단어와 말투를 사용할지 언어적인 표현 방법(버벌 아이덴티티)과 어떤 색깔과 디자인을 사용할지 시각적인 표현 방법(비주얼 아이덴티티)을 세세하게 살펴야 한다.** 이 언어적, 시각적 표현방법에 근거해서 광고, 판촉물, 웹 사이트, 전시회, 상품 포장, 영업 사원의 세일즈 토크는 물론이고, 직원의 명함이나 봉투와 같은 비즈니스 도구까지 모두 브랜드가 지향하는 세계관을 담아야 한다. 그래야 비로소 다양한 터치포인트를 통해 '브랜드다움'을 고객에게 체험시킬 수 있다. 이때 일관된 브랜드 체험을 실현하려면 **브랜드 가이드라인**을 작성해서 회사와 관계된 모든 이들과 공유해야 한다.

코너링이
남다릅니다!
남녀 모두가
좋아하는 디자인이죠!
곡선미가
디자인 콘셉트입니다
실물을 보니 더 와 닿네
예쁘다
결정했어!
사러 가야지!
달리는 즐거움을
경험할 수 있습니다!
명쾌함
명쾌해서 좋은데.
어떤 자동차일까
브랜드 발표회

08 먼저 사내에 브랜드상 알리기

브랜드 가치를 높이려면 먼저 사내에 브랜드상이 깊이 뿌리내려야 한다. 일 잘하는 평범한 사원이 아니라 브랜드에 어울리는 인재를 키우자.

효율적으로 브랜드 가치를 올리려면 모든 비즈니스 형태를 브랜드상에 맞춰 바꿔야 한다. 이를 위해서는 먼저 직원 한명 한명에게 정확한 브랜드상을 심어주는 **사원 교육**이 필수다. **단순히 일 잘하는 평범한 사원이 아닌 브랜드에 어울리는 발상을 하고, 그 사고방식을 업무에 적용하는 인재로 키우는 것이다.** 브랜드 가치가 높은 글로벌 기업은 모든 비즈니스 활동에 브랜드상을 바탕으로 한 매니지먼트를 시행하고 있다.

대표를 포함한 전 직원에게 이상적인 브랜드상이 뿌리내리면 그다음 단계인 '이해관계자'에게도 올바른 브랜드상이 전달될 수 있다. 이너브랜딩에서는 브랜드를 둘러

브랜드상에 맞춰 비즈니스 형태 바꾸기

싼 각종 이해관계자도 중요하다. 왜냐하면 원료 공급업자에게 우리 회사가 추구하는 브랜드상을 전달하면 소재를 고를 때도 심혈을 기울여서 품질 좋은 상품이 탄생할 수 있기 때문이다. 마찬가지로 손님을 직접 응대하는 매장의 판매 직원이 자사와 경쟁사의 차이점을 알고 있어야 고객에게 우리의 브랜드상을 제시할 수 있다. **이처럼 브랜드상을 명확하게 규정하고 이를 모든 직원과 이해관계자에게 공유할 때 비로소 고객에게 신뢰받을 수 있다.** 따라서 고객의 앞까지 자사의 브랜드상을 전달하려면 먼저 사내에 브랜드상을 공유하는 **이너브랜딩**에 성공해야 한다.

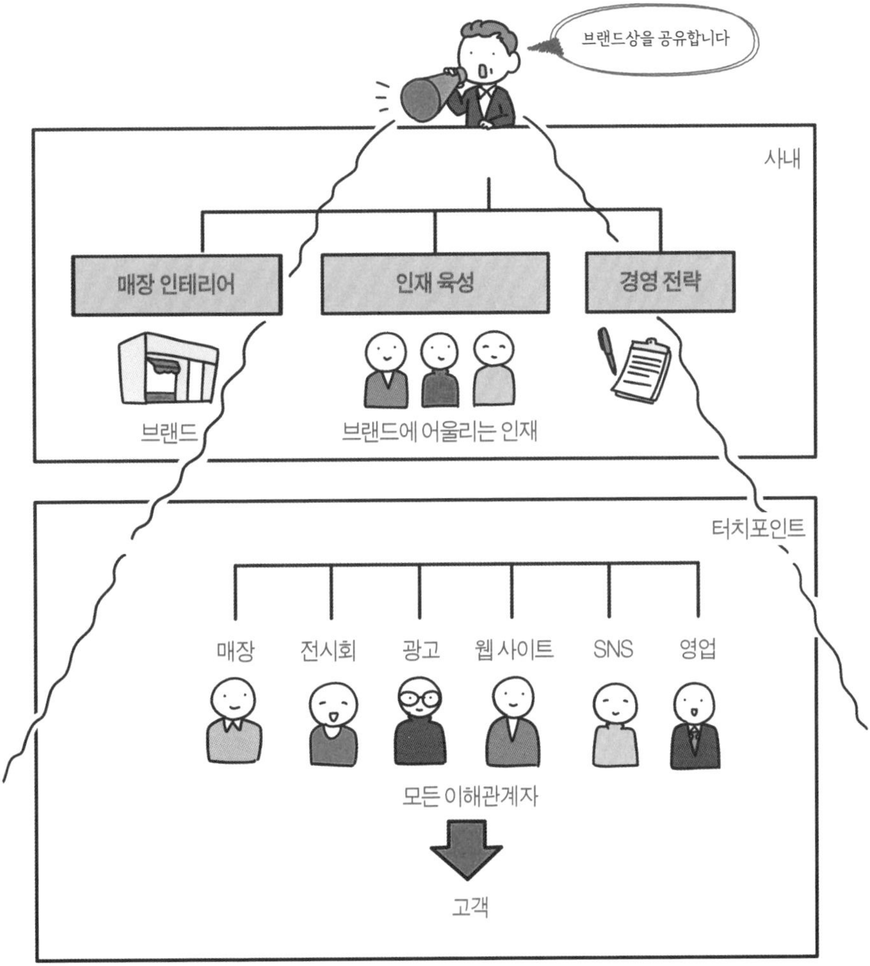

09 고객을 포함한 외부에 브랜드상 공유하기

사내 직원과 이해관계자에게 브랜드상을 공유했다면 다음은 고객을 포함한 외부에 브랜드상을 알려야 한다.

브랜드 전략을 실행할 때는 이상적인 브랜드상을 설정하고 이를 사내 직원 및 이해관계자와 공유해야 한다. 그다음은 고객을 비롯한 중간 업자, 소매상 등 말하자면 외부 사람에게 브랜드상을 알릴 차례다. 당연한 이야기지만 고객에게 선택받기 위해서는 고객의 바로 앞까지 브랜드가 다가가야 하고, 이를 위해서는 브랜드가 구축해놓은 매력적인 브랜드상이 올바르게 전달되어야 한다. 이와 같이 사외에 브랜드상을 공유하는 작업을 **아웃브랜딩**이라고 한다.

아웃브랜딩의 방법은 실로 다양한데 가장 널리 알려지고 오랫동안 사용된 방식은

브랜드상에 맞춰 비즈니스 형태 바꾸기

이게 바로
우리 브랜드야!
브랜드
다움
모두 알고 있다고!
뭔가 열정적인 것
같긴 한데
사내 공유에
성공했어!
밖에서 볼 땐
잘 모르겠어
사내

TV와 잡지 광고다. 최근에는 인터넷과 SNS를 통해서도 마케팅 전략의 일환인 아웃브랜딩을 진행하는 기업이 늘고 있다. 이때 염두에 둘 사항은 **광고, 웹 사이트, 이벤트, 매장, 인터넷, SNS 등 모든 터치포인트에서 브랜드에 대해 말하거나 전달할 때 언어적, 시각적 표현 방식이 일치해야 한다는 점이다.** 브랜드다움을 표현하는 방식이 각 터치포인트에 따라 달라지면 상황에 따라 태도를 바꾸는 사람처럼 믿음을 주기 어렵다. 따라서 일관성 있고 흔들림 없는 세계관으로 브랜드상을 표현해야 고객은 그 브랜드의 '브랜드다움'을 느낄 수 있고 머릿속에 브랜드 이미지가 쌓인다.

10 브랜딩 효과를 측정하려면

브랜딩에 끝은 없다. 브랜드 가치를 높이려면 끊임없이 브랜딩 활동의 효과를 측정하고 피드백을 통해 문제점을 개선하는 과정이 필요하다.

사내외에 브랜드상이 잘 뿌리내렸다고 해서 브랜딩이 끝난 것은 아니다. 지속적으로 브랜드 가치를 높이려면 끊임없이 브랜딩 활동의 효과를 측정하고 피드백을 통해 문제점을 개선하는 과정을 반복해야 한다. 즉, 업무 관리 기법 중 하나인 PDCA를 브랜딩에 적용하는 것이다. 여기서 특히 중요한 사항은 **효과를 측정한 다음 문제점을 도출하고 구체적인 개선방안을 마련하는 것이다. PDCA를 통해 얻은 내용을 바탕으로 개선점을 인지**하면 브랜드 파워를 키우기 위해 해야 할 일이 무엇인지 알 수 있다.

브랜딩의 PDCA

브랜딩의 효과를 측정하는 구체적인 방법은 회사마다 다르다. 브랜딩의 목적에 따라 핵심성과지표인 **KPI**의 항목이 달라지기 때문이다. 하지만 기본적으로는 '자사 분석, 고객 분석, 경쟁사 분석, 이상적인 브랜드상 구축, 브랜드 요소, 이너브랜딩, 아웃브랜딩' 7가지 항목의 달성도를 PDCA를 실행할 때마다 측정해서 평가 기준으로 삼으면 전체적인 브랜딩 활동의 **KPI 매니지먼트**를 시행할 수 있다. PDCA로 브랜드 가치를 올리려면 결과를 중심으로 평가하는 **KGI보다는 브랜딩 활동의 과정과 항목별 진행도를 평가하는 KPI를 우선**해야 한다.

☑브랜딩의 PDCA

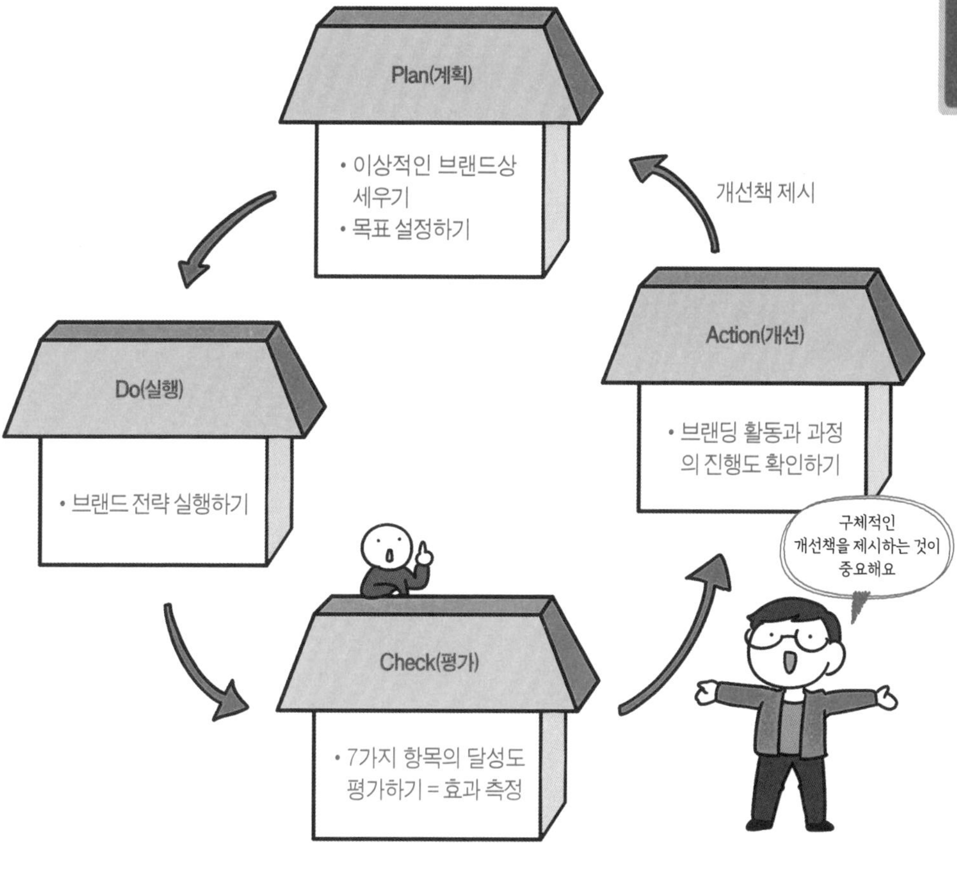

Plan(계획)
• 이상적인 브랜드상 세우기
• 목표 설정하기
Do(실행)
• 브랜드 전략 실행하기
Check(평가)
• 7가지 항목의 달성도 평가하기 = 효과 측정
Action(개선)
• 브랜딩 활동과 과정의 진행도 확인하기
개선책 제시
구체적인 개선책을 제시하는 것이 중요해요

한눈에 보는

브랜딩 용어

KEY WORD

>>> p.69, 71

KPI

'Key Performance Indicator'의 앞 글자를 딴 말로 '핵심성과지표'를 뜻한다. 매출액과 같은 최종 목표 달성을 위해서 각 과정별로 달성도를 평가하는 중간 지표를 나타낸다.

KEY WORD

>>> p.69

KGI

'Key Goal Indicator'의 앞 글자를 딴 말로 '핵심목표지표'를 뜻한다. KPI가 중간 목표라면 KGI는 최종 목표의 달성도를 가리키는 지표다. 주로 매출액이나 이익률 등이 사용된다.

KEY WORD

>>> p.68~69, 201

PDCA 사이클

계획(Plan), 실행(Do), 평가(Check), 개선(Action)의 앞 글자를 딴 말로 업무의 효율성을 높이고 문제점을 개선하기 위한 관리법. P에서 A까지 한번 시행한 다음에는 다시 P로 돌아가서 각 항목의 수준을 한 단계 더 올려 시행하면 지속적인 관리가 가능하다.

KEY WORD

>>> p.57

버즈 분석

소음을 뜻하는 영어 단어인 '버즈(buzz)'에서 나온 말로 SNS나 인터넷의 입소문을 분석하는 방법이다. 단기간에 많은 사람의 주목을 끌거나 SNS 등에서 폭발적으로 확산되는 아이템이 주요 대상이다. SNS 시대에 생겨난 새로운 마케팅 전략.

KEY WORD

>>> p.57, 90~91, 170

커스터머 저니

고객의 행동과 감정을 시간 순서에 따라 정리해서 시각화한 것. 우리말로는 '고객 여정'이라고도 한다. 상품을 인지한 시점부터 구입하는 동안, 구입한 후에 일어나는 다양한 상황과 그 안에서 일어나는 고객의 행동과 감정을 세분화해서 예측하는 방법이다. 고객의 구매 동기와 방식을 검토할 때 주로 이용된다.

KEY WORD

>>> p.57

행동관찰조사

영어로는 '에스노그라피(Ethnography)'라고 한다. '민족(ethnos)'과 '기록(graphein)'을 뜻하는 그리스어의 합성어다. 상품을 구매하고 사용하는 방식에 관해 소비자의 행동을 직접 관찰하고 여기서 얻은 지식을 통해 가설을 세워서 고객의 잠재적인 욕구를 파악하는 방법이다.

CHAPTER 3

자사와 고객을 분석하고 차별화하는 법

브랜딩에 필요한 요소를 이해했다면 이제 브랜딩을 어떻게 진행하면 좋을지 알아보자. 자사 브랜드가 할 일이나 고민해야 할 문제를 정리해서 어떤 타깃에게 무엇을 전달할지 결정하자.

B

01 브랜드 전략이 필요한 이유

최근에는 마케팅뿐 아니라 브랜딩의 중요성이 많이 언급되고 있다. 브랜딩이 왜 필요한지 구체적으로 살펴보자.

브랜드 전략의 목표는 브랜드의 신뢰감을 높여서 고객을 팬으로 만들고 상품이나 서비스를 지속적으로 판매하는 데 있다. 이는 상품 하나하나를 어떻게 알려서 팔지 정하는 기존의 마케팅 전략으로는 풀 수 없는 문제다. 말하자면 일관된 브랜딩 활동으로 개별 상품으로는 얻을 수 없는 **고객과의 관계**를 형성하는 것이다. 고객은 아무리 훌륭한 상품이 나와도 인지도가 낮은 회사에서 만들었다면 쉽게 신뢰하지 못하고 늘 써오던 상품을 고른다.

이것은 브랜드 전략을 통해 우리 브랜드는 항상 일정 수준 이상의 상품을 제공한다

브랜딩은 상품의 경쟁력을 높인다

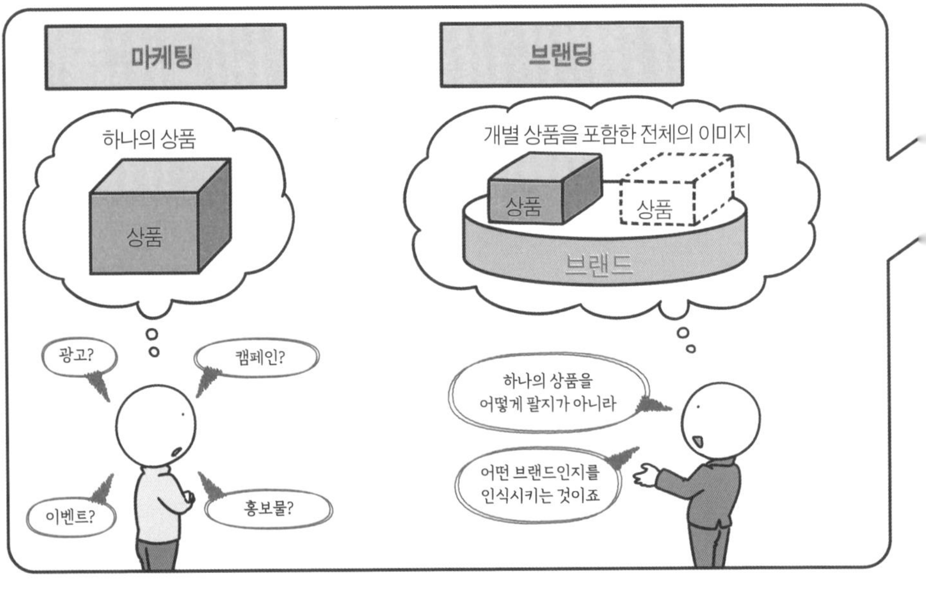

는 인식을 심어주면, **신규 브랜드가 동일한 상품을 내놓아도 일정 규모의 고객은 우리를 선택하는 우위성을 보장한다는 뜻**이기도 하다. 품질이 같다면 이러한 현상은 더욱 도드라진다. 기존 상품으로 형성된 고객의 신뢰는 같은 브랜드의 신상품으로도 이어지기 때문에 때로는 실제 가치보다 더 좋은 평가를 받을 수도 있다. 신규 시장을 개척하기 힘든 이유는 기존 브랜드가 신뢰를 바탕으로 이미 우위를 점하고 있기 때문이다. 따라서 **고객의 신뢰를 얻으려면 지속적인 관계를 토대로 한 브랜딩이 필요하다.** 브랜딩을 하지 않으면 신상품을 출시해서 일시적으로 시장 점유율이 올라가도 지속될 수 없으며, 고객의 신뢰를 얻지 못해서 오래 살아남기 어렵다.

감사합니다
늘 다른 회사보다 품질이 좋네요
품질의 차이
자사
타사
상품의 가치
저 신상품도 좋아 보이지만 이 브랜드가 늘 더 좋았으니까 이번에도 그럴 거야
실제보다 높은 가치로 평가받는다
자사
타사
상품의 가치

02 현실을 파악하기 위한 3C 분석

브랜딩에 실패하는 원인을 파악하려면 '고객, 자사, 경쟁사'의 시점에서 살펴보는 3C 분석이 효과적이다.

브랜딩이 생각대로 잘 되지 않거나 브랜딩 자체를 한 번도 해본 적이 없다면 **'지금 우리 브랜드의 위치는 어디인지' 현실을 파악하는 것이 가장 먼저다.** 이때는 '고객Customer, 자사Company, 경쟁사Competitor'의 앞 글자를 딴 **3C 분석**이 필요하다. 세 가지 시점에서 현실을 바라보는 이유는 이상적인 시각에서 한 발 물러나 객관적인 눈으로 고객의 평가와 욕구를 파악하기 위해서다.

브랜딩은 상품의 경쟁력을 올린다

자사 분석에서는 자사 브랜드의 강점과 문제점을 명확하게 파악해야 한다. **브랜드 자원**은 무엇인지, 비전과 미션은 무엇인지, 기업 이념이 바탕이 됐는지 등을 분석한다. 경쟁사와 비교해서 우리 브랜드가 뛰어난 점은 무엇인지 강점을 찾는 것이 제일 중요하다. 고객 분석에서는 고객 인사이트를 파악하고, 타깃층은 누구인지, 그들은 무엇을 원하는지 알아내는 것이 핵심이다. 경쟁사 분석에서는 경쟁 브랜드의 강점과 문제점 그리고 우리가 차별화할 수 있는 부분을 찾아야 한다. **3C 분석은 브랜딩을 어떻게 추진해야 경쟁사를 이길 수 있을지에 관한 전략을 세울 때 반드시 해야 할 일이다.**

☑브랜딩의 3C 분석

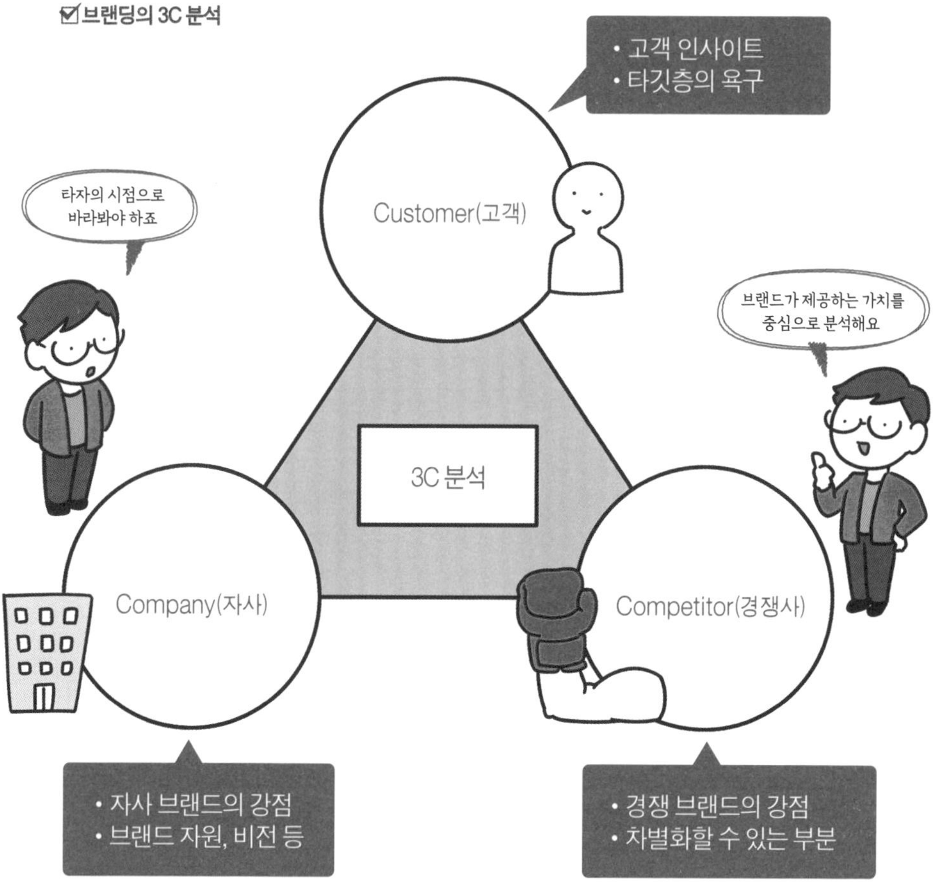

03 가격을 제외한 강점 찾기

브랜딩을 진행할 때는 우선 자사 브랜드의 강점을 알아야 한다. 일단 얼마나 많은 사람이 우리 브랜드를 알고 있는지부터 조사한다.

브랜딩에 성공하려면 먼저 자사의 강점부터 분석해야 한다. 이때는 앞에서 말한 바와 같이 3C 분석을 통해 우리 브랜드만의 강점을 찾아야 한다. 언뜻 강점이 보이지 않더라도 이는 깨닫지 못한 것일 뿐 어떤 브랜드든 나름의 강점을 분명히 가지고 있다. 고객의 입장에 서서 **그들의 시점으로 바라보면 고객이 자사의 브랜드를 선택하는 이유가 보일 것이다.** 단, 고객이 자사의 상품을 선택하는 이유가 '가격'에만 있다면 품질은 같으나 가격이 저렴한 상품이 등장하는 순간 가격 경쟁이 시작된다. 이 경우 시장은 극심한 경쟁 상태에 빠지고 서로 상처를 내면서 붉은 피를 보게 되는 **레드오션**이 만들어져 기업이 쇠퇴하게 된다.

가격을 제외한 자사 브랜드의 강점 찾기

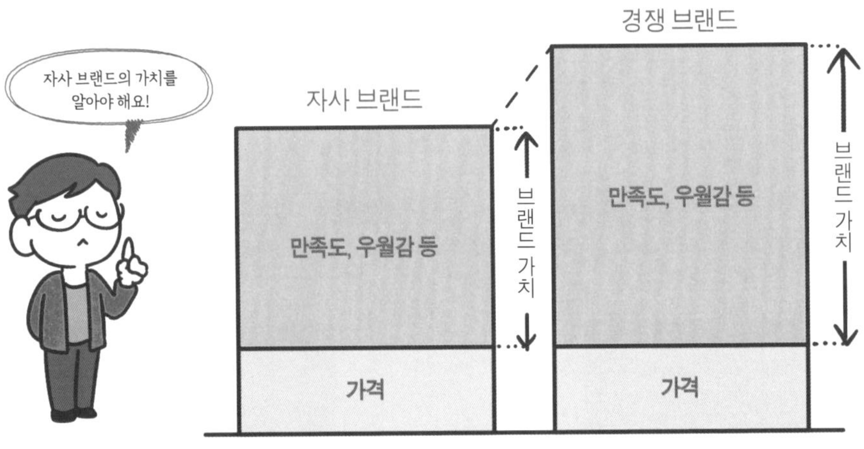

강한 브랜드는 타사와 비교했을 때 우위성을 점하는 확실한 강점을 가지고 있다. 이처럼 **브랜드 파워가 강해지려면 객관적인 사실과 특징을 바탕으로 가격을 제외한 강점을 찾아야 한다.** 예를 들면 편안함도 강점이 될 수 있다. 알고 있는 것을 좋아하고 신뢰하는 인간의 심리에 호소하는 것이다. 브랜드가 고객에게 편안함을 주려면 **인지→이해→호의→애착**의 단계를 거쳐야 하는데 일단은 많은 사람에게 '인지'되는 것이 우선이다. 따라서 신규 시장에 진출했을 때는 얼마나 많은 사람이 자사 브랜드를 알고 있는지 파악하고, 인지도를 올리기 위한 강점을 찾아야 한다. **인지하고 구입해서 사용해야 비로소 그다음 단계인 '이해→호의→애착' 단계로 나갈 수 있기 때문이다.**

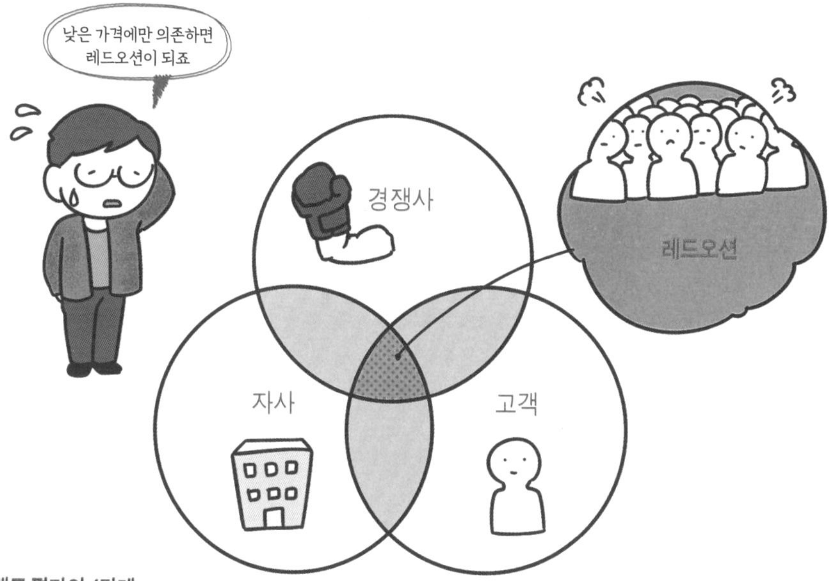

낮은 가격에만 의존하면
레드오션이 되죠
경쟁사
레드오션
자사
고객

☑브랜드 평가의 4단계

이 브랜드 알아
A 브랜드
이 브랜드의
특징은
이 브랜드 좋은데
이 브랜드만
사겠어
인지
이해
호의
애착

04 자사의 강점을 파악하는 새로운 시점

자사의 강점과 약점을 파악하기란 쉬운 일이 아니다. '조하리의 창'이라는 이론을 통해 '보이지 않는 창'에 다가가는 방법을 알아보자.

자사의 강점과 약점을 도무지 파악하기 어려울 때가 있다. 이때는 **조하리의 창**이라고 불리는 심리학 이론을 활용하면 효과적이다. 조하리의 창은 자신을 이해하기 위한 분석 틀로 '내가 아는 나'와 '남이 아는 나'를 기준으로 자아를 '열린 창', '보이지 않는 창', '숨겨진 창', '미지의 창'이라는 4가지 영역으로 나눠서 파악하는 방법이다. 여기서 특히 주목해야 할 영역은 **보이지 않는 창**이다. 나는 모르지만 타인은 아는 영역이 있듯이 어쩌면 우리는 자사의 강점을 깨닫지 못하는 것일 수도 있기 때문이다. **자사에서는 지극히 당연하다고 여기는 부분이 관점을 달리하면 사실 큰 강점일지도 모른다.**

자사 브랜드의 '보이지 않는 창'을 가능한 적은 비용으로 파악하는 방법에는 여러 가

조하리의 창

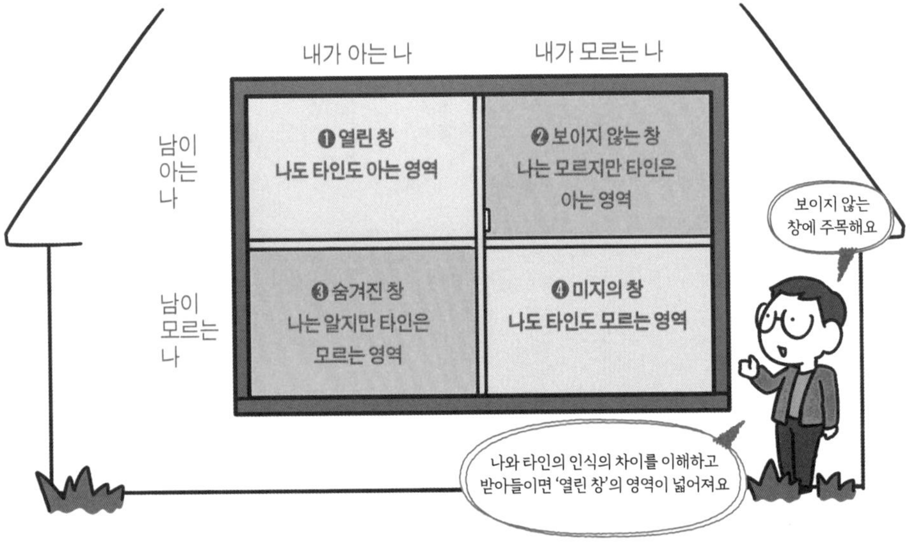
내가 아는 나
내가 모르는 나
남이 아는 나
남이 모르는 나
❶ 열린 창
나도 타인도 아는 영역
❷ 보이지 않는 창
나는 모르지만 타인은 아는 영역
❸ 숨겨진 창
나는 알지만 타인은 모르는 영역
❹ 미지의 창
나도 타인도 모르는 영역
보이지 않는 창에 주목해요
나와 타인의 인식의 차이를 이해하고 받아들이면 '열린 창'의 영역이 넓어져요

지가 있다. 실제 고객을 만나 브랜드에 대한 인터뷰나 설문조사를 하는 방법, 인터넷상의 입소문이나 SNS 혹은 웹 사이트에 올라온 반응을 참고하는 방법, 자신이 직접 고객이 되어 자사 브랜드의 강점과 약점을 생각해보는 방법, 신입사원이나 경쟁사에서 이직한 사원 등 아직 사내 문화에 익숙하지 않은 사원에게 타사의 시점으로 브랜드 평가를 받아보는 방법, 영업 담당자나 매장 직원 등 고객을 가까이서 접하는 직원의 의견을 듣는 방법, 직원의 가족과 친구에게 묻는 방법 등이 있다. 여기서 중요한 사항은 편견 없는 솔직한 의견을 모아야 한다는 것이다. **때로는 사내에 있는 사람의 다양한 의견보다는 바깥에서 바라보는 낯선 이의 한마디가 정답에 가까울 수 있다.**

☑적은 비용으로 자사의 강점을 파악하려면

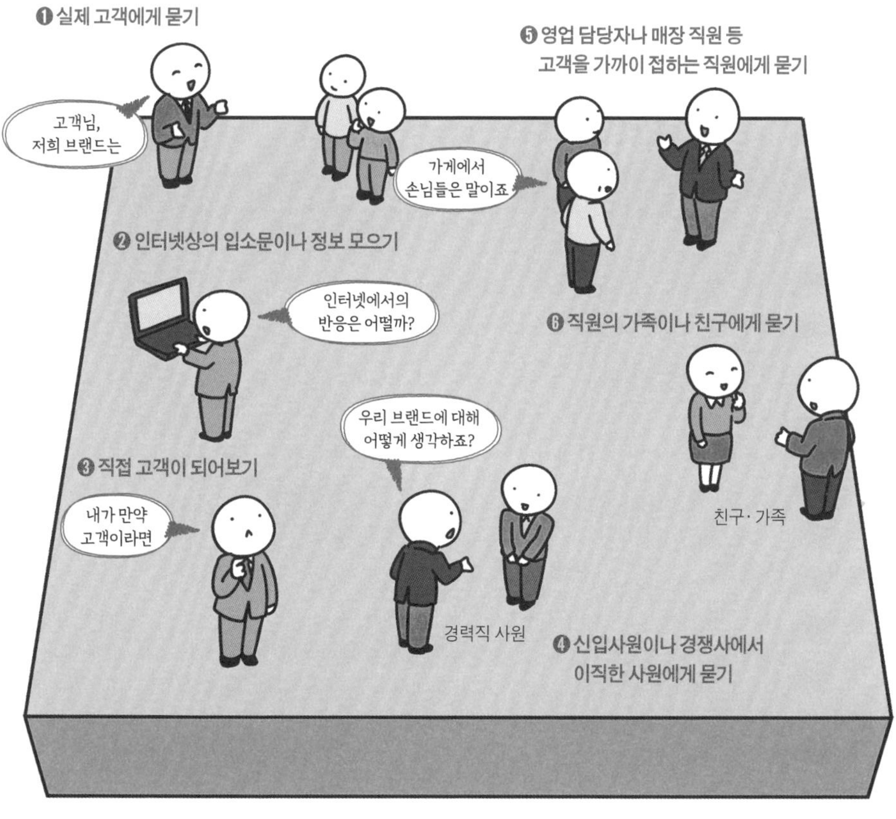

❶ 실제 고객에게 묻기
고객님, 저희 브랜드는
❺ 영업 담당자나 매장 직원 등 고객을 가까이 접하는 직원에게 묻기
가게에서 손님들은 말이죠
❷ 인터넷상의 입소문이나 정보 모으기
인터넷에서의 반응은 어떨까?
❻ 직원의 가족이나 친구에게 묻기
우리 브랜드에 대해 어떻게 생각하죠?
❸ 직접 고객이 되어보기
내가 만약 고객이라면
친구·가족
경력직 사원
❹ 신입사원이나 경쟁사에서 이직한 사원에게 묻기

KEY WORD ≫ ☑ 핵심 타깃, 가치관 · 세계관, 심리학적 측면

05 타깃을 분석할 때는 두 가지 방향으로

타깃의 대상이 넓어지면 브랜드의 특징이 흐릿해진다. 타깃을 좁혀서 명확하게 설정하려면 두 가지 방향에서 고객을 분석해야 한다.

브랜드 타깃을 설정할 때 연령이나 취향의 폭을 넓히고 가능한 많은 사람을 대상으로 삼으면 브랜드의 개성이 사라진다. 판매 대상을 넓히기 위해 타깃을 다양화하면 평범한 브랜드로 전락할 뿐 아니라 타깃에게 브랜드상을 전달하기도 어려워서 역효과만 불러온다. 이보다 **구체적으로 손님의 이미지를 그려서 원하는 고객상을 명확하게 설정하는 것이 효과적이다.** 이와 같은 이상적인 고객상을 '브랜드 타깃' 즉, **핵심 타깃**이라고 한다. 브랜드 타깃은 기업이 자신의 제품이나 서비스를 이용해주길 바라는 추상적인 인물상으로 브랜드의 **가치관과 세계관**에 공감해주는 사람을 가리킨다.

타깃의 특성을 파악하는 방법

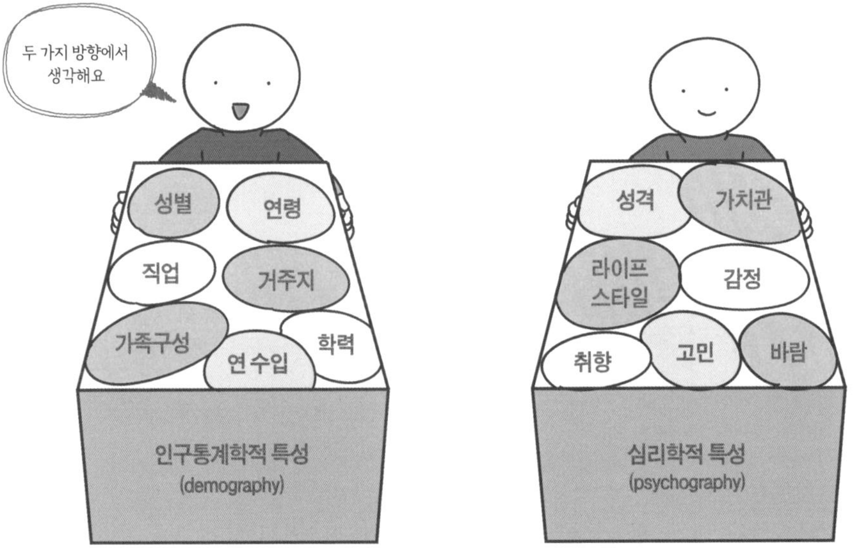

브랜드 타깃을 설정할 때는 이 브랜드의 장점을 알아주는 사람은 누구인가를 명확하게 정해야 한다. 하지만 현대 사회는 라이프스타일과 가치관이 실로 다양해서 타깃을 명확하게 가리기가 쉽지 않다. 그래서 필요한 것이 연령이나 성별 등 **인구통계학적 특성과 라이프스타일이나 가치관과 같은 심리학적 특성으로 타깃을 나눠서 분석**하는 방법이다. 기존에는 주로 연령이나 성별로 타깃을 분류했지만 이제는 손님의 머릿속에 그려지는 브랜드 이미지를 위해 취향, 바람, 감정, 가치관, 라이프스타일 등의 **심리학적 측면**이 더 중요해지고 있다. 이처럼 타깃의 심리까지 읽을 줄 알아야 고객에게 선택받는 브랜드가 될 수 있다.

☑타깃 검토의 예

06 타깃을 좁게 설정해야 하는 이유

브랜드 타깃을 좁게 설정해도 고객이 줄지 않고 늘어날 수 있다.
브랜딩에 성공하려면 타깃을 설정할 때 적절한 균형점을 찾는 것이 중요하다.

타깃을 좁게 설정하면 대상이 되는 사람의 수가 적어서 매출이 줄어들까 걱정할 수 있다. 하지만 조용히 커피를 마시고 싶은 사람을 타깃으로 삼으면 시끌벅적한 학생이나 가족 단위 손님이 오지 않는 대신, 조용한 공간을 원했던 사람을 불러 모아서 오히려 매출이 올라갈 수 있다. 이처럼 타깃을 좁힌다고 반드시 매출이 떨어지는 것은 아니다. **타깃을 좁게 설정해서 브랜드의 매력을 한층 더 끌어올리면 여기에 호감을 느끼는 손님이 단골 고객이 되어준다**.

브랜드 타깃이란

타깃을 어떻게 설정하지?
OO가 좋아
가능한 많은 사람을
타깃으로 삼자?
OO는 싫어
아이
노인
남성
여성
이래서는 안 되죠

물론 단골 고객만 기다릴 수는 없다. 브랜드는 기본적으로 많은 손님이 구매해줘야 의미가 있고 여기에 성공 여부가 달려있기 때문이다. 따라서 **'브랜드 타깃'과 함께 '전략적 타깃'도 염두에 두어야 한다. 전략적 타깃이란 매출을 최대한 확보해주는 손님들로 브랜드 타깃보다는 좀 더 광범위한 고객층을 가리킨다.** 타깃을 설정할 때는 이 '전략적 타깃'과 '브랜드 타깃핵심 타깃'을 구분해서 고려해야 한다. 브랜드 타깃을 지나치게 좁게 설정하면 전략적 타깃의 수가 줄어서 비즈니스 자체가 성립하지 않을 수 있으므로, 타깃을 설정할 때는 '느슨하면서도 날카롭게, 그러면서도 긴장감 있는' 절묘한 균형점을 찾아야 한다.

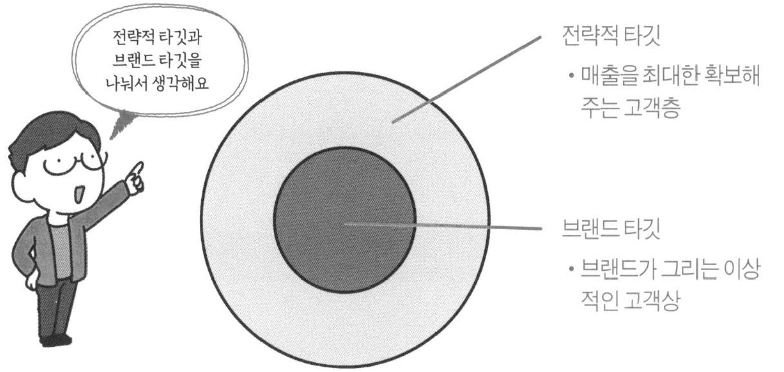

전략적 타깃과 브랜드 타깃을 나눠서 생각해요
전략적 타깃
• 매출을 최대한 확보해 주는 고객층
브랜드 타깃
• 브랜드가 그리는 이상적인 고객상

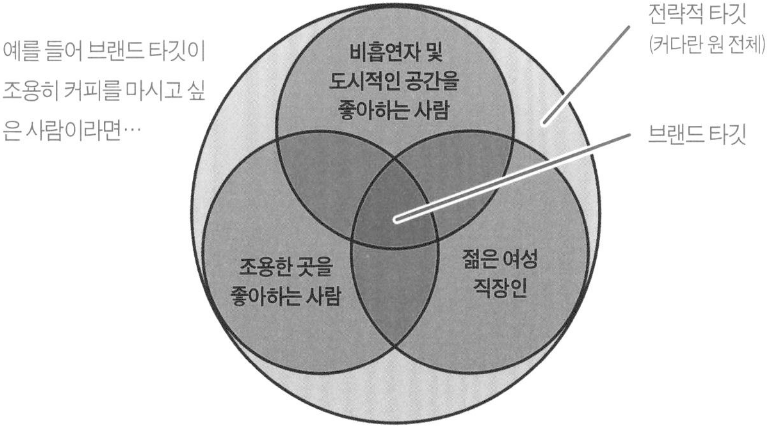

예를 들어 브랜드 타깃이 조용히 커피를 마시고 싶은 사람이라면…
비흡연자 및 도시적인 공간을 좋아하는 사람
조용한 곳을 좋아하는 사람
젊은 여성 직장인
전략적 타깃 (커다란 원 전체)
브랜드 타깃

07 브랜드 타깃의 결정체, 페르소나

한 사람을 만족시키지 못하면 더 많은 사람을 만족시킬 수도 없다.
그래서 기업에서는 브랜드 타깃 중에서 한 사람을 골라 페르소나로 설정한다.

브랜드의 궁극적인 목표는 '구체적인 한 사람을 만족시킬 수 있는가'에 달려 있다고 해도 과언이 아니다. 한 사람을 만족시킬 수 없다면 더 많은 사람을 만족시킬 수도 없기 때문이다. 그래서 기업에서는 **브랜드 타깃에 해당하는 구체적인 한 인물을 '페르소나'로 설정해서 활용한다.** **페르소나**는 타깃을 대표하는 가상의 인물로 브랜드 타깃보다 훨씬 심층적이고 상세하게 설정된다. 구체적으로는 브랜드 타깃 중 한 명을 골라서 나이, 직업, 라이프스타일 등 세부적인 특징을 잡아 만든다.

페르소나 설정하기

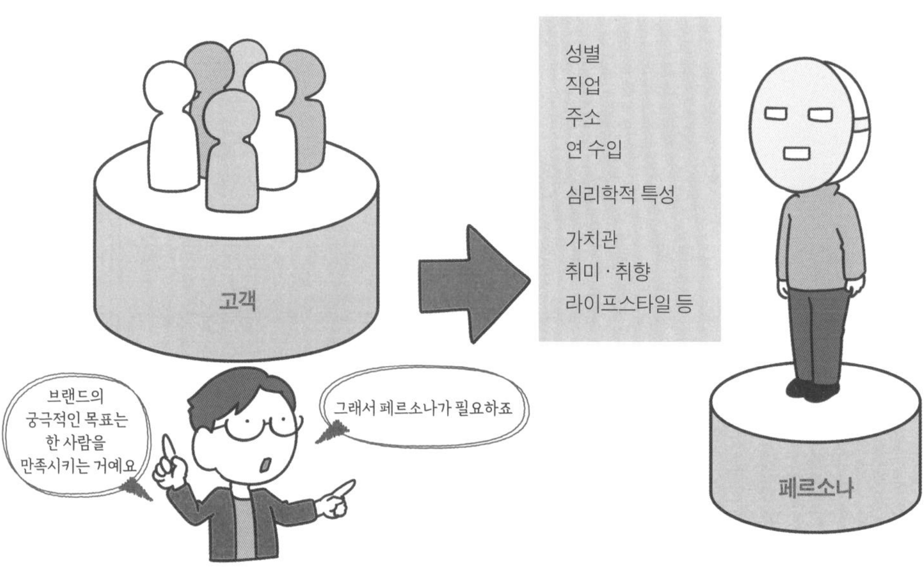

페르소나를 설정하면 고객의 눈으로 브랜드를 관찰할 수 있다. 또한 **회사의 여러 부서에서 브랜드에 대해 말할 때 의사소통이 빨라진다.** 페르소나는 가상의 인물이지만 성별, 나이, 거주지, 직업, 연 수입 등 **인구통계학적 특성**부터 가치관, 취미, 취향, 라이프스타일과 같은 **심리학적 특성**까지 모두 정해두어야 한다. 또한 가능한 실제로 있을 법한 인물로 설정하여 현실감을 부여해야 한다. 그래야 관계자들이 페르소나에 공감하여 그 사람을 만족시키고 싶다는 마음이 생긴다. 페르소나를 통해 고객이 우리 브랜드를 선택하는 배경과 이야기를 사내에 공유하는 과정은 브랜딩의 기틀을 잡아주는 역할을 한다.

기본정보
이름
생년월일
거주지
결혼 여부
직장
특징
• 밝은 성격
• 센스 있는 물건을 선호함
• 혼자 있는 시간을 좋아함
페르소나
이 사람의 욕구를 추측하는 거군요
이 사람에게는 이런 음식과 패션이 어울리겠어요
페르소나에 공감하고 그를 만족시키고 싶다는 마음이 생긴다

08 차별화의 핵심은 고객 인사이트

상품 구매에는 본인도 의식하지 못하는 속마음인 인사이트가 관련되어 있다. 경쟁사보다 앞서 나가는 상품을 개발하려면 고객 인사이트 파악이 중요하다.

어떤 고객을 타깃으로 삼을지 정했다면 **다음은 고객의 마음속 깊은 곳에 있는 진심에 다가설 차례다.** 한 고객이 자기도 모르게 늘 사던 것과는 다른 상품을 구매했다고 하자. 평소보다 가격이 저렴해서일 수도 있고, 이벤트 기간이라 특별한 혜택이 붙어서일지도 모른다. 하지만 결정적인 이유는 본인도 모르는 속마음에 있다. 즉, 무의식의 영역에서 내린 결정인 것이다. 이처럼 **사람은 여러 가지 일을 무의식중에 판단**하며, 의식적으로 행동하는 경우는 5%밖에 되지 않는다고 한다.

의식하지는 못하지만 인간의 마음속 깊은 곳에 있는 진심을 마케팅 용어로 인사이트

고객 인사이트 파헤치기

☑타깃 검토의 예
이 상품을 고른 이유는 뭘까요?
왜일까?
이유
가격
SALE
• 평소보다 가격이 저렴해서
이벤트
오늘만!
• 이벤트 중이어서
신제품
NEW!
• 신상품이어서
• 나도 모르게

라고 한다. 상품을 고를 때 구매자의 마음속에서 일어나는 무의식적인 통찰과 해석으로, 소위 '구매 의욕을 부추기는 버튼'이라고도 부른다. 인사이트는 무의식의 영역 안에 있다 보니 겉으로 드러난 행동으로는 파악하기 쉽지 않다. '왜 그 상품을 구입했는가?'라는 질문에 꼬리를 물고 이어지는 '왜?'를 파고들어야 간신히 고객의 마음속 깊은 곳에 다가갈 수 있다. 때로는 본인조차 알지 못하는 이른바 **가려진 진실**에서 비롯되기도 한다. 인사이트가 중요한 이유는 모두가 알고 있는 고객의 잠재적 욕구를 바탕으로 상품을 개발하면 차별화가 쉽지 않기 때문이다. 다른 기업과는 다른 새로운 무언가를 만들려면 고객 인사이트를 파악하는 것이 중요하다.

☑**인사이트란**

빙산
• 모두가 알고 있는 욕구 영역
(모두가 알고 있으므로 차별화할 수 없다)
잠재적 욕구
• 자각하지 못하지만 질문하면 대답할 수 있는 영역
• 자각하고 있지만 그다지 말하고 싶지 않은 영역
인사이트
• 본인도 알지 못하고 의식하지 못하는, 말로 표현하기 힘든 영역
인간의 행동은 대부분 무의식에서 비롯되죠
가려진 인사이트를 파악하면 차별화할 수 있겠네요

09 고객의 행동에서 인사이트 읽기

고객의 인사이트를 파악하는 방법에는 고객의 행동을 구매 전, 구매 시, 구매 후로 나눠서 분석하는 '커스터머 저니'가 있다.

고객의 속마음인 인사이트는 어떻게 알아낼까? 소비자 설문 조사나 고객의 목소리를 듣는 것만으로는 부족하다. 왜 그 상품이나 서비스를 선택했는지 **손님의 행동을 자세히 관찰하고 파고들어야 진짜 속마음에 다가갈 수 있기 때문**이다. 세세하고 정밀한 조사를 원한다면 외부 업체에 의뢰해도 되지만, 가능한 **비용을 들이지 않고 바로 실행하길 원한다면 행동관찰을 바탕으로 한 몇 가지 방법이 있다.**

첫 번째는 고객이 상품을 인지하고 구매하는 과정 속에서 일어나는 행동을 시간 순서에 따라 세분화해서 분석하는 방법이다. **커스터머 저니**라고도 불리는데 상품의 주요 타

인사이트를 읽는 방법

왜 이걸 샀죠?
손님의 목소리 듣기
설문 조사
그렇구나
고객
동기를 파악하는 방법
이거 주세요
고르고
계산하기
구매 행동 관찰
고객의 속마음까지 알기는 어렵겠는 걸

것이 '구매 전, 구매 시, 구매 후'에 맞닥뜨리는 모든 상황과 그에 따르는 고객의 행동과 감정을 예측해보는 것이다. 예를 들면 구매 전에는 상품을 누군가에게 소개받거나 인터넷을 통해 접하는 경우를 가정할 수 있다. 각각의 상황에 따라 이후에는 어떤 일이 벌어질지, 이때 고객의 행동과 감정은 어떨지 세밀하게 예측하면 된다. **두 번째 방법은 구매 전후의 행동과 일상생활을 관찰하는 것이다.** 대상이 되는 고객이 구매 전후에 어떤 행동을 하는지, 실제로 관찰한 사실을 바탕으로 **가설**을 세우면 된다. **세 번째는 인사이트를 찾기 위한 워크숍을 여는 방법**이 있다. 고객에 관한 다양한 사례와 요소를 모은 다음 브랜딩 담당자가 한데 모여 고객이 왜 이런 행동을 했을지 가설을 세워서 추측해보는 것이다.

☑고객 인사이트 파헤치기

❶ 구매 전후의 상황과 행동을 세분화해서 예측하기
이런 제품이 있었네
인터넷과 SNS
고객
웹 사이트에서 알아보자
비교해보자
A
B
❷ 구매 전후의 행동과 일상생활 관찰하기
인터넷으로 주문해 볼까
PC
포장도 좋네!
드디어 손에 넣었다!
❸ 인사이트를 찾기 위한 워크숍 열기
이 사람은 왜 이런 행동을 했을까요?
직원회의
혹시 이런 거 아닐까요?
가설을 세워서 인사이트 추측하기

10 고객을 분류하는 4가지 기준

고객의 잠재적 욕구를 캐내려면 고객을 특성별로 분류하는 세분화 작업이 필요하다. 이를 통해 매출을 올려주는 중심 고객을 찾아낼 수 있다.

잠재적 욕구를 캐내서 **고객에게 선택받는 브랜드가 되려면 고객의 취향에 맞춘 가치와 공감할 수 있는 브랜드 스토리(브랜드와 고객을 이어주는 정서적 가치)를 제시해야 한다.** 이를 위해서는 불특정 다수인 고객을 특성별로 분류하는 세분화 과정이 필요하다. 고객을 세분화하는 기준은 **자아 관여도, 제품 판단력, 가격 허용도, 제품 스타일·가치관** 4가지로 나눌 수 있다. 위와 같은 기준에 따라 고객을 세분화하면 고객의 근본적인 사고방식과 태도를 발견할 수 있다.

자아 관여도란 상품에 관한 고객의 관심도로 여러 물건 중에서 고객이 무엇을 우선

고객 세분화를 위한 4가지 기준

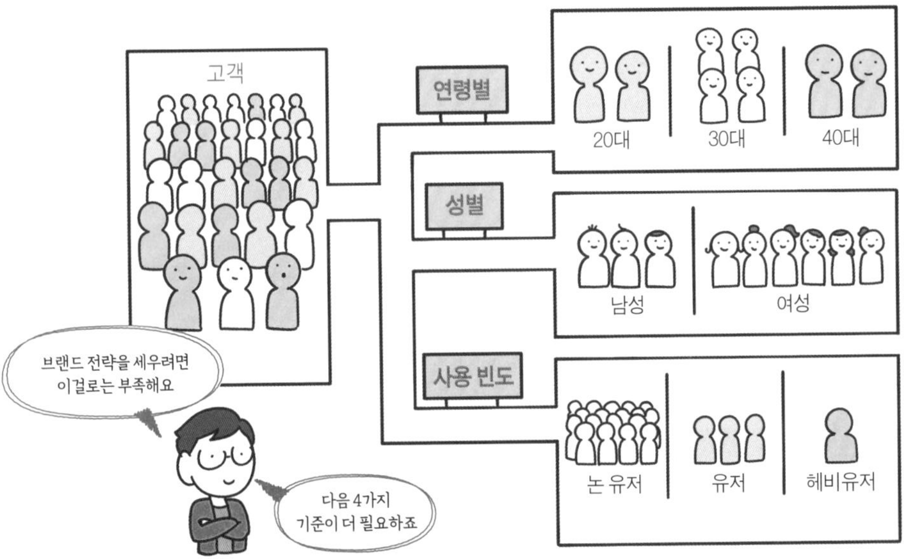

시하는가를 뜻한다. **자아 관여도가 높은 상품에는 고객이 부가가치를 느끼기 때문에 충분한 비용을 치르려고 한다.** 제품 판단력'은 고객이 상품에 관한 지식이 얼마나 있는지, 또 스스로 제품을 고를 수 있는지에 관한 부분이다. 물론 아무리 정보를 많이 모아도 기존에 쓰던 브랜드를 고를 확률이 높은 건 사실이다. 가격 허용도란 그 **상품에 어느 정도 돈을 지불할 수 있는지와 관련된 고객의 감정을 말한다.** 마지막으로 제품 스타일·가치관은 제품을 고를 때 고객이 중시하는 가치관을 말하는 것으로, 제품과 고객의 가치관이 다를 경우 그 브랜드는 선택받을 수 없음을 뜻한다. 위 4가지 기준을 활용해서 우리 제품과 잘 맞는 타깃을 찾아보자.

☑고객 타깃팅을 위해 필요한 4가지 기준

KEY WORD ☑브랜드 포지셔닝, 리더, 챌린저, 니처, 팔로워

11 시장 지위별로 달라지는 브랜드 전략

자사 브랜드가 업계에서 어떤 위치에 있는지 알아야 브랜드 전략을 세울 수 있다. 브랜드 포지셔닝을 할 때는 코틀러의 시장 지위별 분류 전략이 유용하다.

브랜드의 전략적 위치를 설정하려면 먼저 경쟁사를 살펴봐야 한다. 자사의 상품과 서비스를 경쟁사와 비교할 때는 우리 브랜드는 어느 위치에 있는지, 규모는 얼마나 차이 나는지, 어떻게 싸워야 이길 수 있을지 등을 명확하게 조사해야 한다. 이를 **브랜드 포지셔닝**이라고 하는데, 브랜드 포지션을 분석할 때는 필립 코틀러*의 '시장 지위별 분류 전략'이 가장 널리 쓰인다. 기업별로 시장의 지위를 **리더**, **챌린저**, **니처**, **팔로워** 4가지로 나누고 각 지위별로 어떤 전략이 유효한지 알아보는 작업이다.

* **필립 코틀러**(Philip Kotler): 노스웨스턴 대학 켈로그 경영대학원 석좌교수. '마케팅의 아버지'라 불리는 마케팅의 대가이자 세계적인 경영사상가다. 그가 쓴 《마케팅 관리론》은 많은 대학에서 경영학 교과서로 쓰인다.

브랜드의 전략적 위치 설정

먼저 리더는 업계에서 시장 점유율이 가장 높은 브랜드를 말한다. 리더의 기본 전략은 브랜드 점유율을 유지하고 확대하는 것이다. **챌린저는 업계에서 2~3위를 달리며 선두 기업에 도전하는 브랜드**다. 이들은 리더와의 차별화를 꾀하고 그들이 잘할 수 없는 분야에서 경쟁력을 확보해 리더의 자리를 노려야 한다. **니처는 비록 시장의 규모는 작지만 틈새시장을 공략해서 성공한 브랜드**를 말한다. 니처 브랜드는 전문성을 더욱 강화하고 팔로워 브랜드가 쫓아오지 못하도록 막는 전략이 필요하다. **팔로워는 선두 기업을 모방하고 있는 브랜드**로, 니처 브랜드로의 성장을 목표로 삼아야 한다. 이처럼 업계에서 차지하고 있는 브랜드의 위치에 따라 브랜드의 기본 전략이 달라진다.

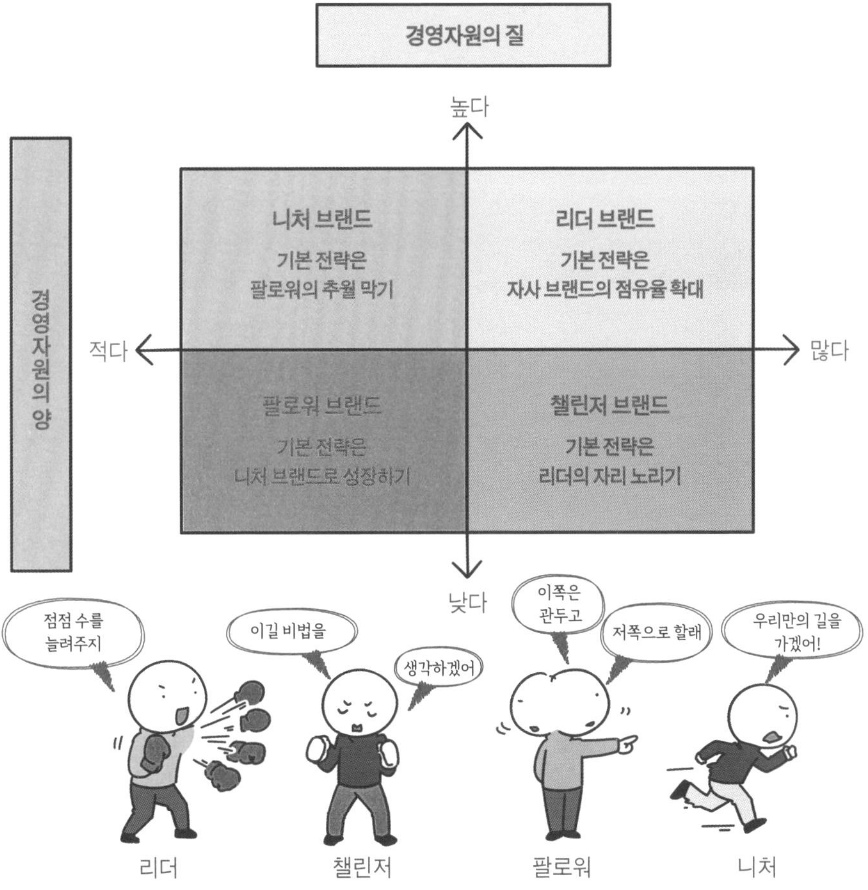
경영자원의 질
높다
낮다
경영자원의 양
적다
많다
니처 브랜드
기본 전략은
팔로워의 추월 막기
리더 브랜드
기본 전략은
자사 브랜드의 점유율 확대
팔로워 브랜드
기본 전략은
니처 브랜드로 성장하기
챌린저 브랜드
기본 전략은
리더의 자리 노리기
점점 수를 늘려주지
이길 비법을
생각하겠어
이쪽은 관두고
저쪽으로 할래
우리만의 길을 가겠어!
리더
챌린저
팔로워
니처

12 차별화 전략으로 블루오션을 발굴하다

누구에게도 방해받지 않는 블루오션을 발굴하는 것이 브랜딩을 승리로 이끄는 열쇠다. 이를 위해서는 경쟁사와의 차별화를 꾀해야 한다.

자사 브랜드의 위치에 따라 브랜딩의 기본 전략은 달라지지만 **어느 위치에 있든 중요한 요소가 있다.** 바로 '차별화'다. 리더는 차별화를 통해 챌린저를 멀찍이 떼어놓고 자신의 지위를 굳건히 하고, 챌린저는 리더에게 없는 매력(차별성)을 고객에게 보여줘서 선두 자리를 빼어야 한다. 또한 니처는 차별화를 통해 특정 고객의 지지를 받는 상품을 다루면서 그 분야를 독점하고, 팔로워는 니처 브랜드로 성장해서 새로운 분야의 리더가 돼야 한다.

주의해야 할 점은 자사의 강점과 고객 인사이트를 바탕으로 차별점을 찾더라도

고객에게 가치가 있는가

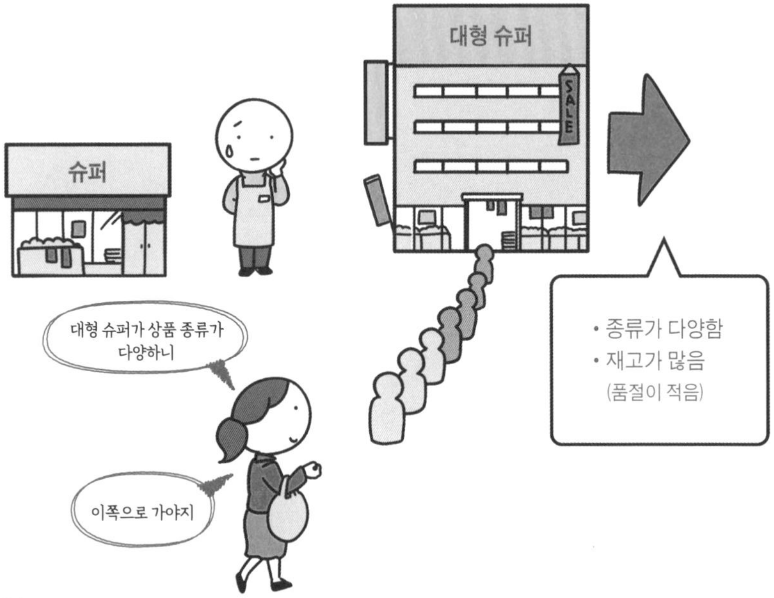
대형 슈퍼
SALE
슈퍼
대형 슈퍼가 상품 종류가 다양하니
이쪽으로 가야지
• 종류가 다양함
• 재고가 많음
(품절이 적음)

경쟁사가 쉽게 따라 할 수 있는 내용이라면, 다들 시장에 뛰어드는 통에 가격 경쟁이 시작된다는 것이다. 이 경우 시장은 얼마 안 가 포화상태가 되고 **레드오션**으로 바뀐다. 아무에게도 방해받지 않는 **블루오션**을 독점하려면 경쟁이 적고, 자사 상품만이 제공할 수 있는 특별한 가치로 차별화를 꾀해야 한다. 이때 염두에 둘 사항은 **차별화는 어디까지나 고객의 입장에서 봤을 때 의미가 있어야 한다는 사실이다.** 고객이 인식하지 못하면 아무런 가치가 없다. 또한 타깃과 상품이 추구하는 가치관이 일치하지 않으면 아무리 명확한 차별점을 찾더라도 고객에게 외면받기 쉽다. 따라서 인지하기 쉬우면서도 타깃이 원하는 가치에서 비롯된 차별화를 추구해야 한다.

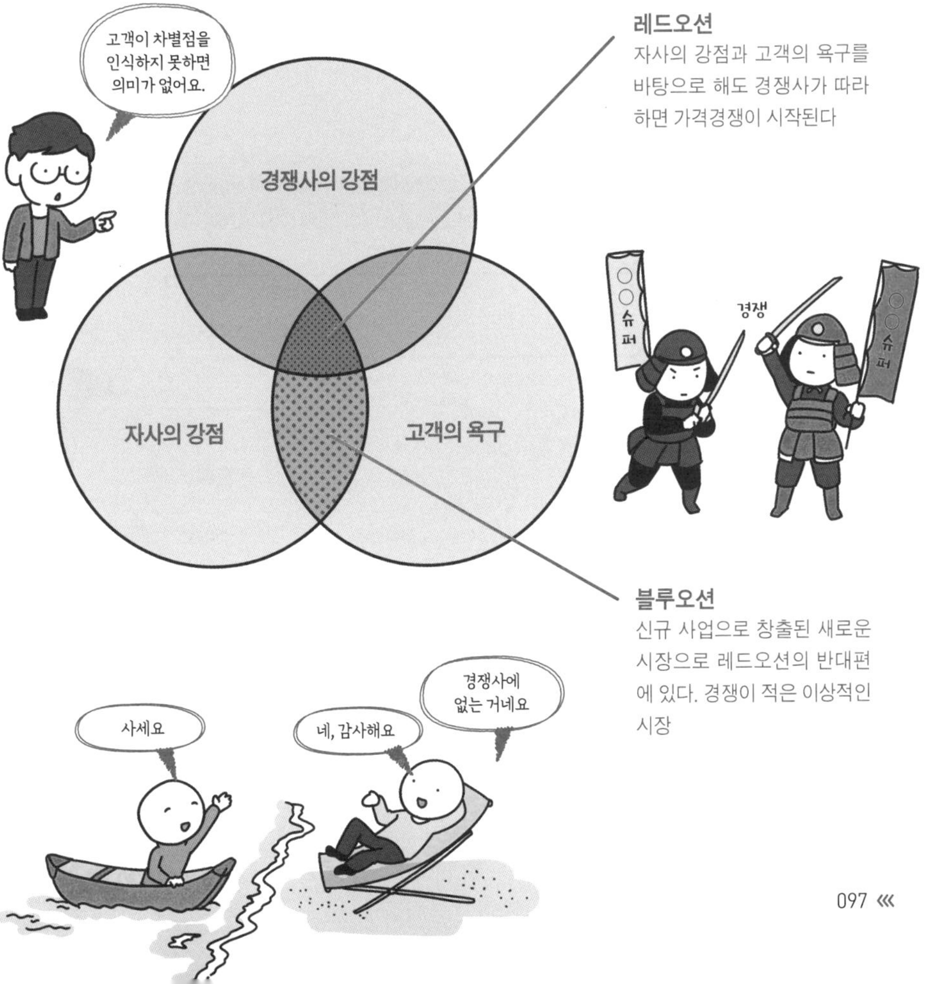

고객이 차별점을 인식하지 못하면 의미가 없어요.
경쟁사의 강점
자사의 강점
고객의 욕구
레드오션
자사의 강점과 고객의 욕구를 바탕으로 해도 경쟁사가 따라 하면 가격경쟁이 시작된다
경쟁
블루오션
신규 사업으로 창출된 새로운 시장으로 레드오션의 반대편에 있다. 경쟁이 적은 이상적인 시장
사세요
네, 감사해요
경쟁사에 없는 거네요

13 세상은 1등만 기억한다

브랜드는 고객의 머릿속에 '가장 먼저 떠오르는가 아닌가'가 성패를 좌우한다. 2등부터는 인상에 잘 남지 않고 '1등이니까 상품도 좋을 것'이라고 생각하는 심리 때문이다.

사람이 뭔가를 기억하는 용량에는 한계가 있어서 누구든 쓸데없는 것은 굳이 외우려 하지 않는다. 따라서 자사의 브랜드를 고객에게 인지시키기 위해서는 어떻게 해서든지 **1등을 목표로 해야 한다.** 안타깝지만 세상은 1등만 기억하기 때문이다. 브랜드 인지율을 조사해보면 2위부터는 수치가 크게 떨어져서 팔로워 브랜드에 이르면 10%를 밑돌 만큼 낮아진다. 고객의 머릿속에 있는 **브랜드 점유율(마인드 쉐어)**을 높이려면 1등을 차지하는 것이 중요한 이유가 여기에 있다.

1등 브랜드의 효용성

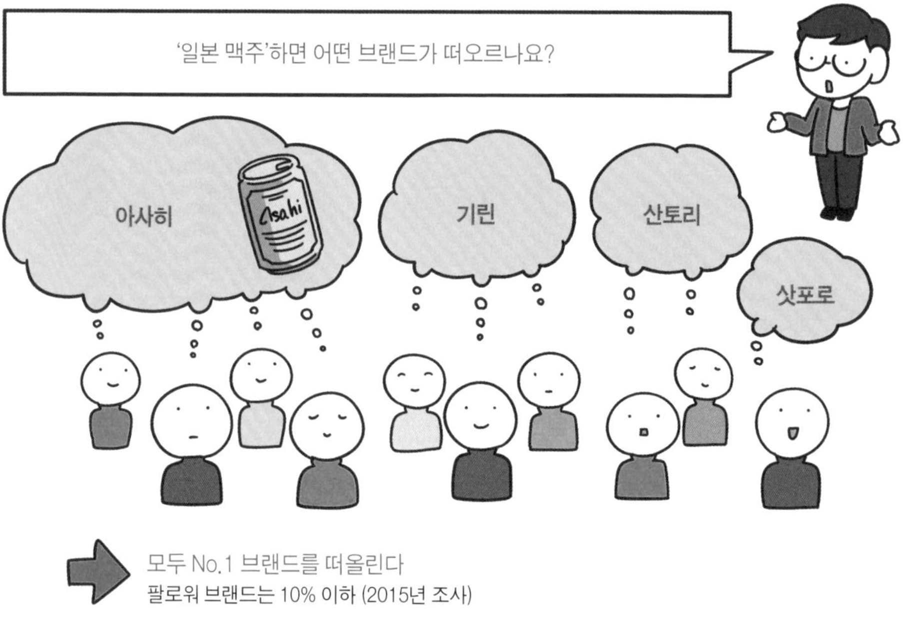
'일본 맥주'하면 어떤 브랜드가 떠오르나요?
아사히
Asahi
기린
산토리
삿포로
모두 No.1 브랜드를 떠올린다
팔로워 브랜드는 10% 이하 (2015년 조사)

고객이 1등 상품을 선택하는 이유는 큰돈이든 작은 돈이든 물건을 살 때는 실패하고 싶지 않다는 심리에 있다. **세상에 널리 알려져 있고 많은 사람이 사는 물건은 그만큼 믿을 수 있어서 상품을 구매하게 만드는 커다란 요인이다.** 1등이라고 해서 모든 상품을 앞설 필요는 없다. '자동차 하면 ○○○'처럼 업계 전체가 아닌 **차별화된 특정 분야와 영역에서만 1등을 하면 된다.** 또한 '엔진 하면 ○○', '경자동차 하면 △△'처럼 업계를 세분화하면 자사 브랜드가 1위를 노릴 분야가 어디인지 알 수 있다. 해당 분야에서 1등을 하려면 고객에게 자사의 강점 즉, 타사보다 뛰어난 점은 무엇인지 확실하게 보여줘야 한다.

1등의 장점
이거 하면 그 브랜드지!
No.1 브랜드
or
그 외
장점1
경쟁사에 밀리지 않고 선택받을 수 있다
비쌀 만해
응
응
No.1
그 외
가격
장점2
가격 면에서 유리한 위치에 설 수 있다
또 사야지
역시 No.1이야
브랜드
장점3
단골 고객이 많아진다

KEY WORD ☑브랜드 포지셔닝, PB 상품, 지각된 품질

14 고객에게 좋은 이미지로 인식되려면

브랜딩에서는 고객에게 차별화된 자사 상품을 인식시키는 것이 중요하다.
고객의 머릿속에 있는 이미지를 조작해서 브랜딩 포지셔닝을 바꿔보자.

경쟁사와는 다른 자사 브랜드만의 강점이 있어도 이 점을 고객이 인식하지 못하면 아무런 의미가 없다. **따라서 자사 브랜드의 가치와 이미지를 고객의 머릿속에 어떻게 위치시킬지** 즉, **브랜드 포지셔닝**을 고민해야 한다. 하지만 대부분의 사람은 정보가 넘쳐나는 세상에서 새로운 브랜드에 대한 지식을 쉽게 습득하려 하지 않는다. 그래서 브랜드 포지셔닝에서는 고객의 머릿속에 새로운 정보를 입력하기보다는, **이미 들어있는 이미지를 조작해서 이를 자사의 상품과 연결 짓고자 한다.** 여기서 참고할 만한 것이 '세이유'*의 리브랜딩 사례다.

* **세이유(SEIYU)**: 일본의 대형 슈퍼마켓 체인점. 고품질의 상품을 낮은 가격으로 제공하는 것으로 유명하며 공격적인 마케팅으로 소비자의 지지를 받고 있다.

브랜드 포지셔닝

☑기업이 원하는 이미지대로 전달되지 않을 수도 있다

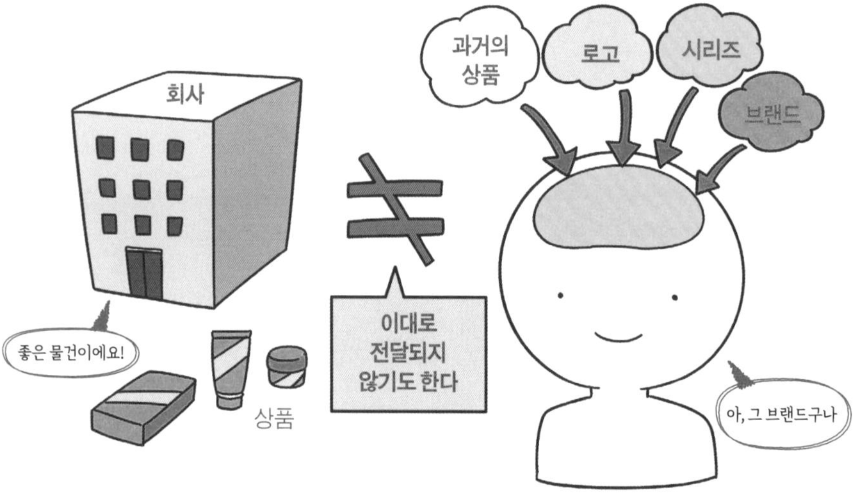
과거의 상품
로고
시리즈
브랜드
회사
좋은 물건이에요!
상품
≠
이대로 전달되지 않기도 한다
아, 그 브랜드구나

예전에 편의점이나 마트에서 자체적으로 개발한 **PB 상품**은 가격이 저렴한 대신 품질이 낮은 편이어서 사람들에게 '싼 게 비지떡'이라는 인식을 심어줬다. 이후 PB 상품의 품질은 브랜드 제품과 비교해도 손색없을 만큼 향상됐지만, 한번 고객의 머릿속에 박힌 부정적인 이미지는 쉽게 바뀌지 않아 시장에서 고전을 면치 못했다. 그런 가운데 세이유가 자사의 PB 상품인 '소비자 보증 시리즈' 발매에 맞춰 새로운 전략을 펼쳤다. 소비자 테스트를 통해 전 상품을 검증받은 후 70% 이상의 고객이 지지해준 상품만 출시한 것이다(2019년 10월 이후에는 80%로 올렸다). 70% 이상의 소비자가 지지해줄 만큼 품질이 좋다는 점을 알리자 좋은 상품을 부담 없이 살 수 있다는 인식이 퍼지면서 큰 인기를 끌었다. 이와 같이 실제 상품의 품질과는 별개로, **고객의 머릿속에 인식된 지각된 품질이 브랜딩에서는 매우 중요한 부분을 차지**한다.

☑브랜딩으로 이미지가 바뀐 예(세이유)

싼 게 비지떡이죠
SALE
정말 맛있어요!
낮은 가격 = 가치
리브랜딩
좋은 물건이구나!
품질 보증
소비자 지지율 70%인
PB 상품 판매 중
신뢰성 = 가치
'싼 게 비지떡'이라는
이미지에서
'고품질 상품을 저렴하게'라는
이미지로 바뀌었답니다

15 포지셔닝 맵으로 차별점을 시각화하기

자사의 강점을 바탕으로 경쟁사와의 차별점을 알기 쉽게 나타내려면 '포지셔닝 맵'이라는 틀을 사용해서 시각화하자.

포지셔닝 맵이라는 분석 틀을 사용하면 자사와 경쟁사의 차이점을 알기 쉽게 표현할 수 있다. 먼저 표를 가로, 세로로 나누고 자사의 강점을 토대로 축에 들어갈 두 가지 기준을 정한다. 두 가지 기준에서 모두 우위를 점하고 있는 자사 브랜드를 오른쪽 위 칸에 그려 넣고 다른 경쟁사를 분석해서 해당하는 영역에 표시한다. 이렇게 하면 자사가 경쟁사와 비교해서 어떤 우위점을 갖고 있는지 한눈에 파악할 수 있다. 포지셔닝 맵은 고객이 생각하는 자사의 강점은 무엇인지 시각적으로 표현할 수 있으며, **경쟁사를 어떻게 앞질러 나갈지 고찰할 때 효과적**이다. 또한 시장 지위가 리더, 챌린저, 니처, 팔로워 중 어디인지에 따라 전략을 달리 할 수도 있다.

포지셔닝 맵을 그리는 방법

포지셔닝 맵
자사의 차별점을 시각적으로 표현해요
기능성이 높다
대단해요
이 브랜드의 강점과 핵심 포인트를 바로 알 수 있군요!
고객

자사의 강점을 활용하여 고객이 중시하는 부분을 시각적으로 나타낸다

포지셔닝 맵은 사내에 브랜드 전략을 공유할 때 의사소통을 간편하게 해준다는 장점이 있다. 또 시장에서 자사 브랜드의 위치를 파악할 때도 유용하다. 이때는 맵을 그릴 때 상품을 구입하는 타깃이 중점적으로 생각하는 부분을 고려해서 가로, 세로축의 내용을 **기능적 특성**과 **정서적 특성** 두 가지로 나눠서 결정한다. 기능적 특성은 '기능, 특징, 타깃의 속성'과 같은 상품의 특성을 말하며 '강하다·약하다, 크다·작다, 많다·적다, 뚜렷하다·흐릿하다' 등으로 표현할 수 있다. 정서적 특성은 타깃의 심리적인 요소를 말하며 '친근함, 고급스러움, 심플함, 패셔너블함, 화려함, 산뜻함, 안정적임, 혁신적임' 등으로 표현된다. 축이 결정되면 경쟁사와 **자사를 맵 안에 그려 넣어서 자사 브랜드의 위치를 확인한다.**

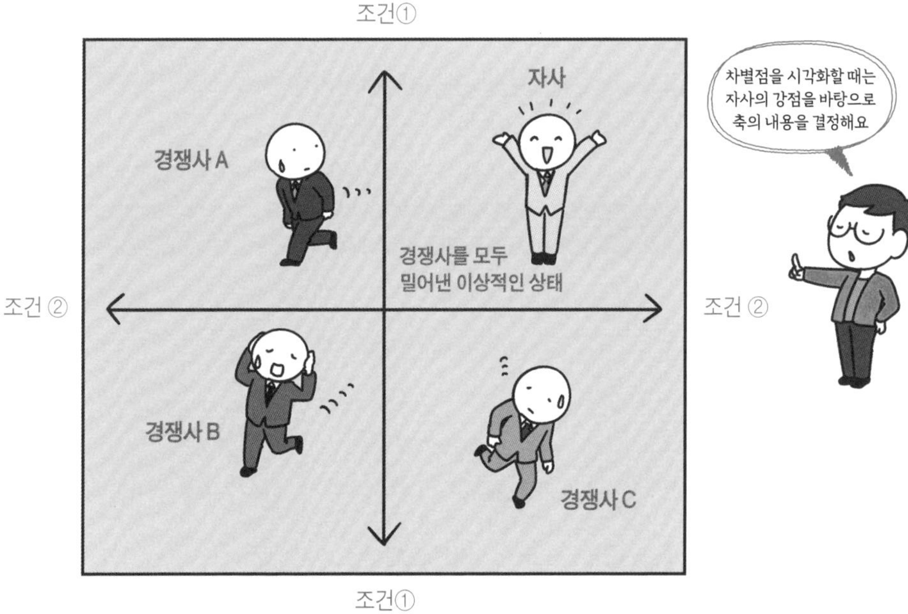

자사의 위치를 파악할 때
필요한 축의 조건

브랜드가 지닌 기능, 특징, 타깃 등

16 왜 차별화에 실패할까?

포지셔닝 맵을 그려도 실전에서 효과가 없을 때가 있다.
경쟁사와 차별화하려면 그에 적합한 요령이 필요하다.

포지셔닝 맵을 그려도 실전에서는 크게 효과가 없을 때가 있다. 이는 **축의 항목 설정을 잘못한 탓에 차별점을 표현하지 못했기 때문**이다. 예를 들면 '품질'과 '가격'을 축으로 그리면 품질이 좋은 상품은 가격이 비싸고, 품질이 낮은 상품은 가격이 낮아서 정비례하는 경우가 많아 차별화의 요인이 될 수 없다. **차별화를 꾀하려면 차별성이 발휘되는 축을 선택하여 조합하는 것이 중요**하다. 기능적인 부분에서 차별성을 찾지 못했다면 상대적으로 정서적 특성이 중요해지므로 여기에서 차별점을 찾자.

포지셔닝 맵의 실패 사례

차별화에
자주 실패하는 경우는
품질과
가격이죠
그 둘을
축으로 하면
차별화할 수 없어요
항목 설정
항목을
잘못 설정하면
힘들어지는데…

그 외에도 **1등 브랜드를 따라 하다 자사 브랜드의 '브랜드다움'을 잃는 경우**도 많다. 브랜드에서는 '브랜드다움'과 '독자성'이 중요하다는 사실을 잊지 말아야 한다. 또한 다른 회사와의 경쟁과 차이점에 지나치게 신경 쓰다가 '고객이 원하는 상품'에서 점점 멀어지는 경우도 있다. 기존 고객이 우리 브랜드에 무엇을 기대했는지 항상 기억하자. 아울러 자사의 강점만을 생각하다 **고객의 입장**을 경시하고 독단적이 되기도 하고, 분야를 지나치게 세분화해서 충분한 수의 고객을 확보하지 못하는 일도 있다. **시장** 자체가 없다면 아무리 차별화를 해도 수익으로 이어지지 않는다는 점을 명심하자. 이처럼 차별점을 찾아낼 때는 여러 가지 부분에서 주의가 필요하다.

고객의 욕구에 응했더니 잘 나간답니다!
타사를 흉내 내면 차별성이 없어요
우리도 1등을 따라 해야지!
우리 회사의 브랜드다움이 사라졌어…
1등
고객의 모수가 적어요!
독자성
이 분야에선 1등 할 수 있어
엄청난 기술을 개발했어
걸만 봐서는 알 수 없지만
너무 나눴나?
시장
기술
고객에게 전달되지 않으면 아무런 의미가 없다고요

17 리브랜딩으로 한 번 더 성장을 꿈꾼다

한 번 확립된 브랜드를 계속 유지하고 강화해나가기란 쉽지 않다. 이때 필요한 것이 브랜드 포지셔닝을 수정하는 '리브랜딩'이다.

상품이 생각처럼 잘 팔리지 않고 성장이 정체되어 있다면 다시 한번 3C 분석을 통해 문제점을 파악하고 브랜드상을 재구축해야 한다. 이를 **리브랜딩**이라고 한다. **현재 브랜드의 가치를 어떻게 유지하고, 강화할지 새로운 마음으로 판단하는 것**이다. 한번 브랜드 가치가 확립되어도 시장이 변화하고 경쟁이 치열해지면 고객의 욕구에 적응하고 가격 경쟁력을 유지하기 어려워진다. 이는 **새로운 브랜드 포지셔닝이 필요해졌음을 의미하며, 새 브랜드상으로 재활성화를 도모하는 리브랜딩에 들어가야 한다.**

기존 브랜드의 재활성화 = 리브랜딩

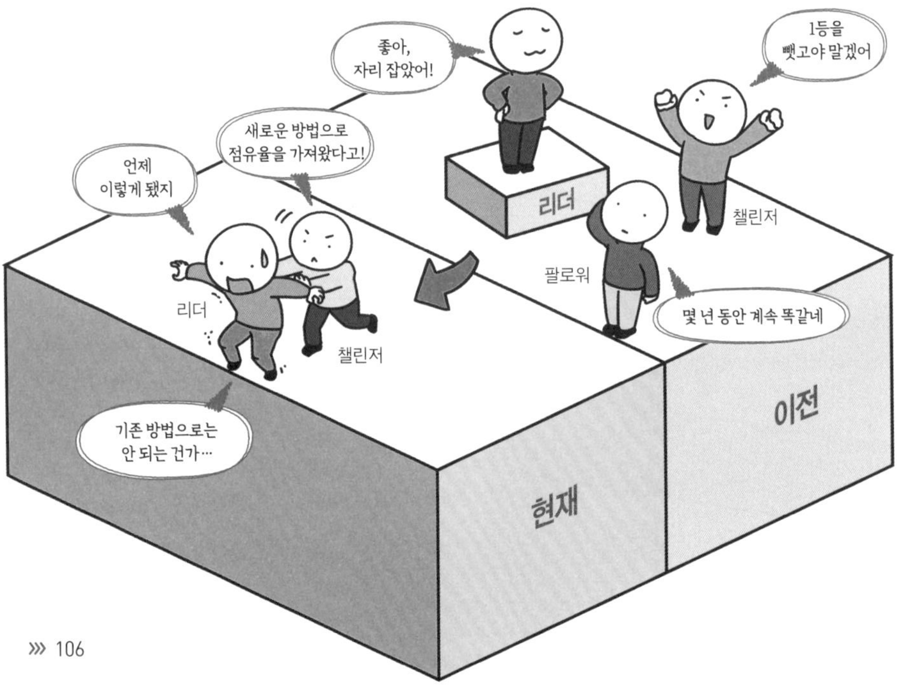
좋아,
자리 잡았어!
1등을
뺏고야 말겠어
새로운 방법으로
점유율을 가져왔다고!
언제
이렇게 됐지
리더
챌린저
팔로워
리더
챌린저
몇 년 동안 계속 똑같네
기존 방법으로는
안 되는 건가…
이전
현재

리브랜딩은 먼저 브랜드의 매력이 고객에게 전달되지 않을 경우에 필요하다. 고객에게 어필하고 있는 제품의 포인트와 브랜드 가치를 전달하는 방법이 적절하지 않거나, 그 브랜드가 가진 가치를 사내에서 중요하게 인식하지 않을 경우 고객들이 외면할 수 있다. **전통이 깊은 브랜드는 리브랜딩 과정에서 지금까지 근간이 되어주었던 핵심 가치를 경시하기 쉬운데,** 끝까지 유지해야 할 **전통**은 절대 놓쳐서는 안 될 부분임을 명심하자. 현재 **브랜드가 지닌 가치만으로는 경쟁사를 이길 수 없을 때도 리브랜딩이 필요하다.** 이 경우에는 경쟁사에서 고객을 데려오기 위해 고객들이 원하는 가치가 무엇인지 철저히 파악해서 이를 기존에 가지고 있던 가치에 추가해야 한다.

방법 1
고객의 기존 욕구를 다시 파악해요
방법 2
고객의 새로운 욕구를 충족시켜요
고객의 기존 욕구
높다
팬이 조금씩 줄고 있어
경쟁사가 엄청 늘어났어
리포지셔닝
낮다
높다
고객의 새로운 욕구
경쟁사
경쟁사
경쟁사
경쟁사
경쟁사
경쟁사
낮다
항목 설정
방법 3
방법 1,2가 모두가 필요해요
방법 4
기존 고객에게 새로운 이미지를 심어줘요

한눈에 보는

브랜딩 용어

KEY WORD

>>> p.101, 113, 208~209

PB 상품

'Private Brand'의 앞 글자를 딴 말로, 독자상표상품이라고도 한다. 평소에 상품을 기획하거나 생산하지 않는 사업자가 자체적으로 개발한 상품을 가리킨다. 널리 알려져 있고 전국 어디서든지 물건을 살 수 있는 국민적 브랜드인 '내셔널 브랜드(National Brand)'의 반대말이기도 하다.

KEY WORD

>>> p.92, 155, 194, 201

브랜드 스토리

기업 이념과 제품에 대한 철학, 그 상품이 태어난 배경 등 고객이 원하는 가치를 구축하기 위해 걸어왔던 과정과 이야기를 전달하는 정보. 자사의 기업 이념뿐 아니라 브랜드의 독자적인 가치가 들어 있다. 브랜드 스토리로 공감을 얻으면 고객의 이해도와 만족도가 올라간다.

KEY WORD

>>> p.56, 77

브랜드 자원

회사의 이익과 연관되는 모든 자원을 총칭한다. 직원을 포함한 인적 자원과 제품이나 서비스 그리고 이를 만들어내는 설비, 기기, 자금과 같은 물적 자원이 여기에 해당한다. 또한 기업이 소유한 고객 정보, 기술, 신용 등의 무형자산과 특허, 저작권, 상표권과 같은 지적재산도 브랜드 자원이다.

KEY WORD

>>> p.98

브랜드 점유율

시장에서 브랜드가 차지하고 있는 비율. 특정 브랜드 시장의 전체 수요에서 자사 브랜드가 매출액이나 판매액, 취급 수, 사용자 수 등에서 어느 정도의 비율을 점하고 있는지 보여주는 지표다. 브랜드의 시장 구조나 경쟁 상태를 나타내는 수치로도 활용된다.

KEY WORD

>>> p.96~97

블루오션

지금까지 없었던 새로운 시장을 만들어서 경쟁 상대가 없는 미개척지에 사업을 전개하는 전략. 경쟁사가 없어서 고수익을 기대할 수 있다. 반대로 경쟁기업이 많아서 치열한 경쟁이 불가피한 기존 영역은 레드오션이라고 부른다.

KEY WORD

>>> p.102~104

포지셔닝 맵

시장에서 자사나 자사 브랜드의 우위성을 명확하게 보여주고 경쟁사와의 차별점과 상관성을 시각화해서 보여주는 표다. 자사 제품의 강점과 우위성을 한눈에 확인할 수 있다. 자사 상품과 브랜드의 강점을 찾거나, 타깃에게 어떤 점을 어필해야 할지 결정할 때 효과적으로 쓰인다.

CHAPTER 4

브랜드다움을 만들다

고객에게 선택받으려면 '브랜드다움'이 있어야 한다. 타깃에게 무엇을 어필하고, 어떻게 접근해야 그들의 마음을 얻을 수 있을까. '브랜드다움'을 만드는 법에 대해 알아보자.

B

01 자사의 강점 중 고객이 원하는 부분 찾기

성공한 브랜드는 고객에게 제공하는 '브랜드 가치'가 명확하게 정해져 있다. 브랜드 가치를 높여서 이를 고객에게 전달하는 과정이 브랜딩이다.

'브랜드 가치'란 고객을 무의식적으로 끌어당기는 포인트로, 그 브랜드만의 특징이다. 하지만 기업이 판단하는 **가치와 고객이 원하는 부분이 반드시 일치하지는 않는다.** 한 예로, TV 리모컨에는 여러 버튼이 달려 있지만 자주 사용하는 것은 몇 개밖에 되지 않는다. 아마도 이렇게 많은 버튼은 필요 없다고 느끼는 사람이 대다수일 것이다. 그렇다고 어떤 것을 원하는지 고객에게 직접 물어본다고 해서 그들의 기대를 모두 충족시킬지는 알 수 없다.

그래서 자사·고객·경쟁사 분석이 필요하다. 우선 자사의 강점과 문제점을 아는 '자사 분석'과 차별화 요소를 찾기 위한 '경쟁사 분석', 그리고 고객 인사이트를 파악하는

자사가 제공할 가치 찾기

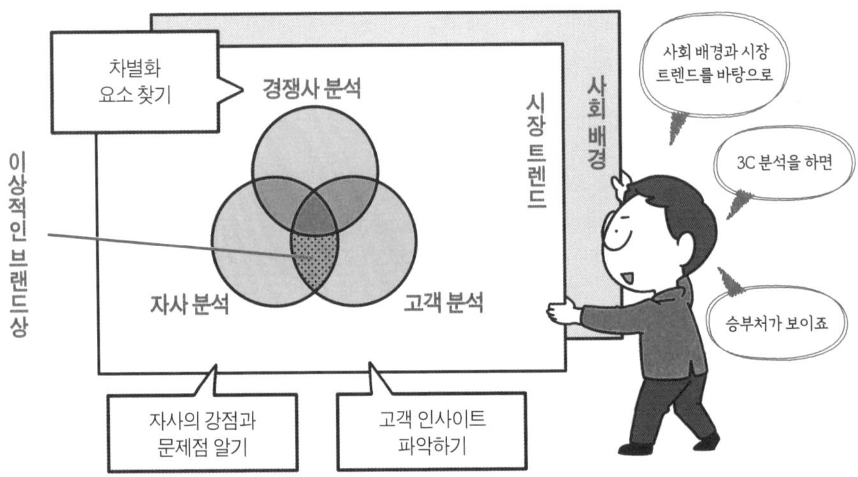

'고객 분석'을 실시한다. 그다음 경쟁사에 없는 자사 브랜드만의 강점과 고객의 욕구가 서로 겹치는 부분을 찾아낸다. 그 부분이 바로 경쟁이 적어 고수익을 올릴 수 있는 영역으로 **이상적인 브랜드상(브랜드 가치)**가 되는 것이다. 성공한 브랜드는 브랜드 가치가 매우 명확하게 정의되어 있다. 일례로 세븐&아이 그룹*의 자체 개발 상품인 세븐 프리미엄은 PB 상품은 질이 안 좋다는 인식에 맞서 '고품질'을 새로운 가치로 내세우고 개성 있고 세련된 디자인으로 이미지를 바꿔서 크게 성공했다. 이처럼 **브랜딩을 할 때는 고객이 원하는 가치를 찾아 가치를 실현하는 데에 주력해야 성공**할 수 있다.

* **세븐&아이 그룹**: 일본에 본사를 둔 세계 최대의 유통 업체로 편의점 부분에서는 '세븐일레븐'이 유명하다. 2007년에 출시된 '세븐 프리미엄'은 식품을 중심으로 세븐일레븐에서 판매되다가 현재는 식료품, 의류, 생활용품 등 다양한 분야의 상품을 '요쿠마트, 이토요카도, 온라인 매장' 등을 통해서도 선보이고 있다.

☑세븐 프리미엄의 브랜드상

PB 상품은
싸고
질이 나빠
디자인도 별로야
PB 상품의 기존 이미지
포장이
깨끗하고 세련됐네
어쩐지 좋아 보여
가격보다 품질이
좋다는 게 눈에 띄어
통일감 있어서
알기 쉽네
세븐 프리미엄

02 브랜드상을 위한 체크포인트

브랜드상을 결정할 때는 4가지 사항을 확인하자. 사내 논의를 통해 경쟁사에 없는 가치를 찾아 제공하는 것이 중요하다.

브랜드상을 구축하려면 브랜드가 고객에게 제공하는 가치를 명확하게 밝혀서 지금 우리 브랜드가 안고 있는 문제점을 어떻게 해결할지 전략을 세워야 한다. 브랜드상을 결정할 때는 아래와 같은 4가지 사항을 점검해야 한다. **먼저 자사의 강점과 개성이 드러나야 한다.** 브랜드는 자사의 강점이 발휘되어야 빛을 낼 수 있기 때문이다. 경쟁사를 따라 하면 절대 그들을 뛰어넘을 수 없다. 사내 논의를 통해 자사에만 있는 강점과 타깃을 끌어당기는 매력을 찾아 브랜드상에 담아내자.

두 번째는 고객에게 가치가 있어야 한다. 고객이 원하는 것은 상품 자체가 아니라 그

브랜드상을 구축할 때는

어라?
그럴듯한 말을 내걸면…
우리 회사는 모든 사람이 행복해지는 상품을…
미끌
기초가 없으면 미끄러져요
자사의 강점으로
고객의 욕구를
타사에 없는 방법으로 실현하겠어!
흠

상품을 구입하면 어떤 체험과 **편익(베네피트)**을 얻을 수 있느냐다. 고객의 입장에 서서 우리 상품은 어떤 가치가 있을지 살피고 이를 브랜드상에 반영하자. **세 번째는 누구나 이해하기 쉽고, 직원과 고객이 공감해야 한다.** 브랜드상을 사내 공통 **키워드**로 삼으려면 내용이 간단명료해야 한다. 이해하고 공감하기 쉬워야 브랜딩에 성공할 수 있기 때문이다. **네 번째는 브랜드상에서 내세우는 가치가 너무 당연한 이야기는 아닌지 확인해야 한다.** '안심, 안전, 신뢰, 저렴, 품질' 등 브랜드상을 표현하는 단어가 누구라도 쓸 수 있는 **평범한 키워드**라면 브랜드에 개성이 없다는 뜻이다. 남들이 쓰지 않는 독특한 키워드로 브랜드를 표현하는 것도 중요하다.

☑브랜드상을 구축할 때 필요한 체크포인트

❶ 강점과 개성 드러내기
우리는 따라 하지 않아
❸ 이해하고 공감하기 쉽게 만들기
간단하고
공감하기 쉬워요
❷ 고객에게 중요한 가치 담기
바이러스 제거
적정한 가격
안심
간단
안전
아이도 사용하기 쉽네
제균 스프레이
❹ 당연한 이야기는 피하기
안심
안전
응?
브랜드
그건 당연하지

03 고객의 3가지 편익

고객은 상품을 사거나 쓰면서 눈에 보이지 않는 이익을 얻는다. 이것이 '고객 편익'으로 브랜드를 구성하는 가치 중 하나다.

판매자는 고객에게 물건을 판 순간 이익이 발생했다고 여기지만, **고객에게는 물건을 사서 쓰고 체험하는 동안 발생하는 눈에 보이지 않는 이익이 더 있다.** 쓰면서 상품의 기능에 만족하거나 물건을 소유했을 때 느낄 수 있는 행복감 등을 말하는데 이를 **고객 편익**이라고 부른다. 고객 편익도 브랜드를 구성하는 가치 중 하나다. 고객 편익은 크게 기능적 편익, 정서적 편익, **자기표현적 편익**으로 나눌 수 있다.

정서적 편익과 자기표현적 편익

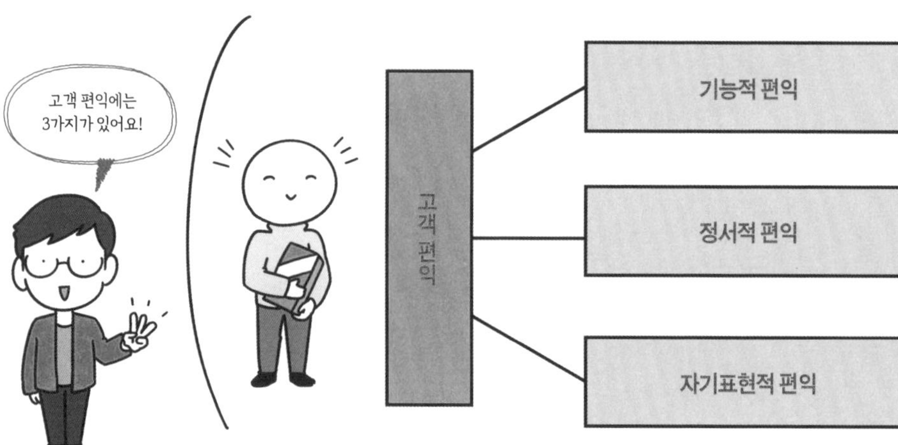

기능적 편익(Functional Benefits)은 상품이나 서비스가 지닌 기능적인 특징이나 성능, 혹은 여기서 얻을 수 있는 긍정적인 이익을 말한다. '빠르다, 가볍다, 튼튼하다, 편리하다, 뛰어나다'와 같은 단어로 표현되며 대부분 수치로 나타낼 수 있다. **정서적 편익(Emotional Benefits)**은 상품이나 서비스를 이용하거나 체험하면서 얻는 긍정적인 감정을 가리킨다. '멋있다, 즐겁다, 설렌다, 고급스럽다, 편안하다' 등 주로 감정과 연관된 이익이다. **자기표현적 편익(Self-expressive Benefits)**은 상품이나 서비스를 이용하고 체험하면서 얻는 자기표현감 혹은 자아실현감을 말한다. 기능적 편익은 매우 뛰어난 기술력이 뒷받침되지 않으면 우위성을 얻기 힘들어서 최근에는 상대적으로 정서적 편익이 중요해지고 있다.

고객의 3가지 편익

기능적 편익	정서적 편익	자기표현적 편익
상품이나 서비스가 지닌 기능적인 특징이나 성능, 혹은 여기서 얻을 수 있는 이익	상품이나 서비스를 이용하거나 체험하면서 얻는 긍정적인 감정	상품이나 서비스를 이용하면서 얻는 자기표현감, 자아실현감
(예) 인텔 → 고속 프로세서 퍼실 → 뛰어난 세정력	(예) 무인양품 → 심플하고 세련됨	(예) 스타벅스 → 자신을 도시적이고 세련된 이미지로 표현 애플 → 창의적인 사람으로 인식

중요한 것은 정서적 편익이 있느냐죠
감동이 브랜드와 고객을 연결시키고 깊은 관계를 만들어요

04 타깃의 성향에 따라 소구 포인트 결정하기

고객이 원하는 가치에 맞춰 브랜드상을 만들어도 이 점이 고객에게 전달되지 않으면 구매로 이어지지 않는다. 고객에게 브랜드 가치를 어떻게 전달할지 생각해보자.

비슷한 상품이나 서비스 중에서 하나를 선택할 때 기능적 가치와 정서적 가치는 고객에게 큰 영향을 미친다. 하지만 둘 중 무엇을 우선할지는 타깃의 성향에 따라 달라지기에 알 수 없다. **일반적으로 논리적 사고를 하는 좌뇌형 인간은 기능적 가치를 중시하고 감정적 사고를 하는 우뇌형 인간은 정서적 가치를 우선**한다고 한다. 따라서 자사의 상품이나 서비스의 타깃이 결정되면 어떤 성향의 사람에게 어떻게 브랜드 체험을 제공할지 고민해야 한다.

사람은 2가지 방식으로 판단한다

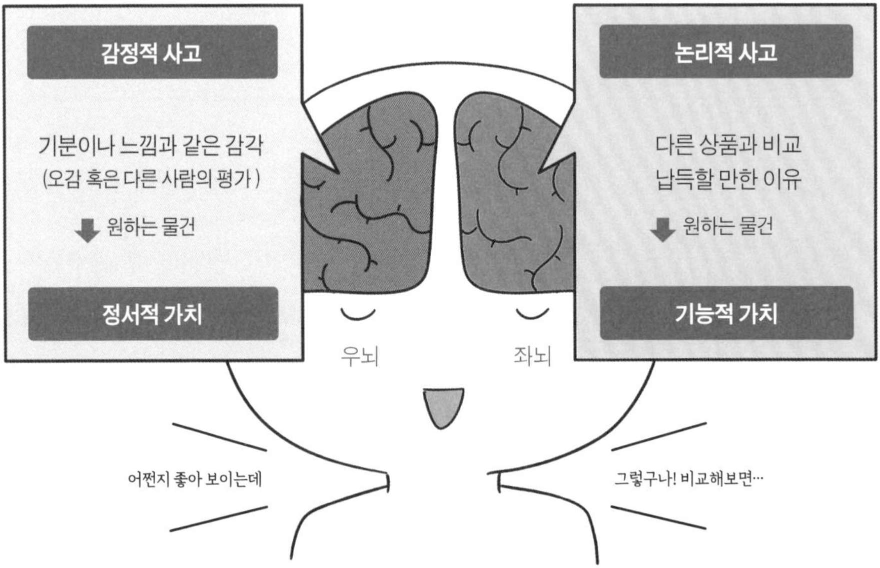

논리적 사고를 하는 **좌뇌형 타깃에게 브랜드 체험을 제공할 때는 논리적으로 이루어지는 판단 포인트에 소구**해야 한다. 따라서 제품의 성능을 다른 브랜드와 비교해서 보여주거나, 제작할 때 심혈을 기울인 부분 등을 전면에 내세워야 한다. 또 좌뇌형 타깃은 여러 가지 정보를 총망라해서 비교하는 경우가 많으므로 문자화된 정보를 풍부하게 활용하여 충분한 설명을 하는 것이 중요하다. 반면 **감정적 사고를 하는 우뇌형 타깃은 상품이 얼마나 인상에 좋게 남아 있느냐가 구매를 결정한다.** 이 경우에는 흥미로운 광고나, 좋아하는 연예인 혹은 인플루언서의 추천을 통해 상품을 좋은 이미지로 기억시키는 접근법이 적합하다. 또한 상품이나 서비스의 종류에 따라 소구할 고객층이 달라지므로 이 점도 염두에 두어야 한다.

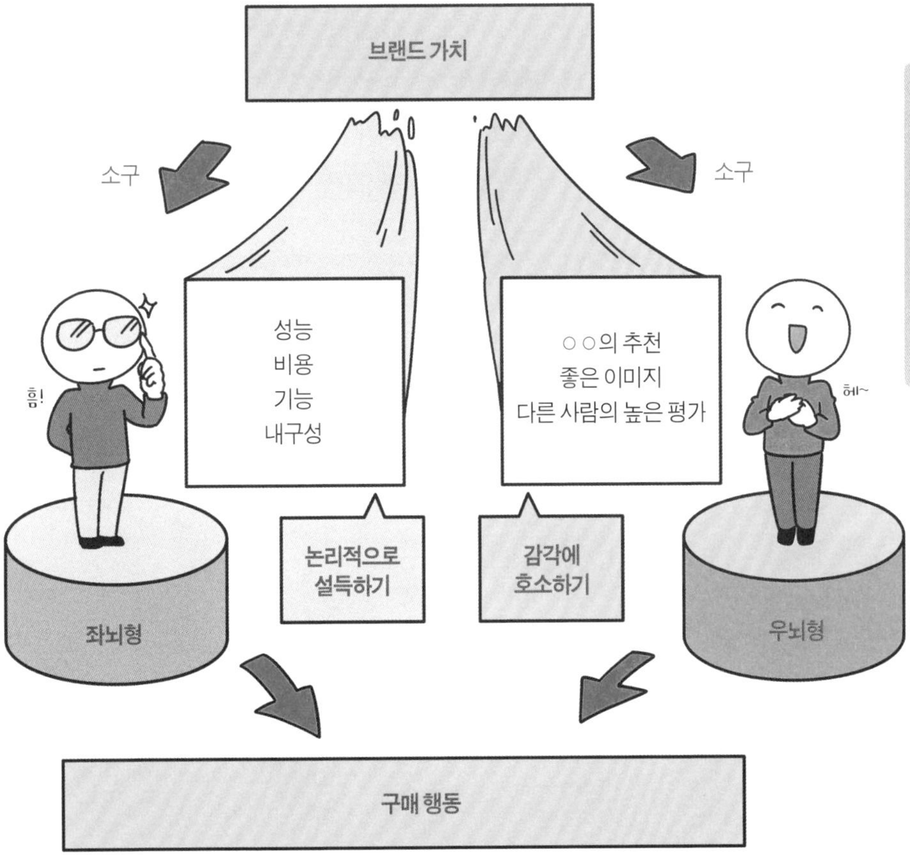

05 에비던스로 브랜드 가치 전달하기

브랜드 가치를 가장 명확하고 쉽게 보여주려면 사실에 기반한 한 증거인 '에비던스'를 제시해야 한다. 구체적으로 어떤 것이 에비던스가 될 수 있는지 살펴보자.

차별화된 **브랜드 가치를 고객에게 가장 쉽게 전달하려면 다른 상품이나 서비스와의 차이점을 확실하게 보여주는 에비던스를 제시해야 한다.** 에비던스란 상품에 관한 정보로 구체적인 사실에 기반한 증거를 말한다. 브랜드 고유의 특징을 전달할 때 에비던스를 제시하면 고객을 납득시키기가 훨씬 수월해진다. 에비던스는 상품의 소재나 제조법 같은 하드웨어 측면, 개발 콘셉트나 서비스를 제공하는 데 걸리는 시간, 서비스의 충실함 등의 소프트웨어 측면에서 **자사의 강점**을 제시하는 것이 바람직하다. 또 권위 있는 사람의 추천을 활용해도 좋다. 예를 들어 의료기기라면 국가에서 보증해주는 각종 '인증서'를 받거나, 패션 상품이라면 **유니클로와 질 샌더의 콜라보레이션처럼 일류**

차별점을 어떻게 전달하느냐도 중요하다

가볍고
기존 상품보다 빠르고
쓰기 쉬워요
아주 좋은 상품이죠...
오늘 출시된 신제품!
그렇군요
왠지 구체적인 이미지가 떠오르지 않아

브랜드와의 협업을 통해 고급스러움을 보여주는 것이다.

에비던스는 경쟁사보다 뛰어난 점이나 경쟁사에 없는 독창적인 특징처럼 소비자가 이해하기 쉬운 내용이라면 어떤 것이어도 상관없다. 만약 경쟁사와 기술적인 요소는 비슷하지만 성능이 훨씬 뛰어나거나, 경쟁사가 지니지 못한 독창적인 특징이 있다면 이 점을 명확하게 설명하면 된다. 물론 반드시 기술적인 측면에서 뛰어나야 하는 것은 아니다. 콘셉트나 디자인, 가공 방법 등에서 특수성이 있다면 여기서 브랜드의 특징을 보여줄 수도 있다. 단, 고객에게 에비던스를 제시할 때는 이해하기 쉽도록 말해야 한다. 전달하려는 내용이 너무 많거나 복잡하면 고객이 받아들이기 어려우므로 대표적인 문구로 간단 명료화된 개념을 제시해야 한다. 만약 **제품에 다양한 최첨단 기술이 들어갔다면 이를 일일이 설명하기보다는 '20년 뒤에도 사용할 수 있는 신기술'이라고 표현하면 고객이 훨씬 쉽게 받아들인다.**

기존 제품이나
타사 상품과의
차이점은 말이죠
오늘 출시된
신제품!
어떤 점인가요?
이해하기 쉽네요

☑ 에비던스로 제시할 요소

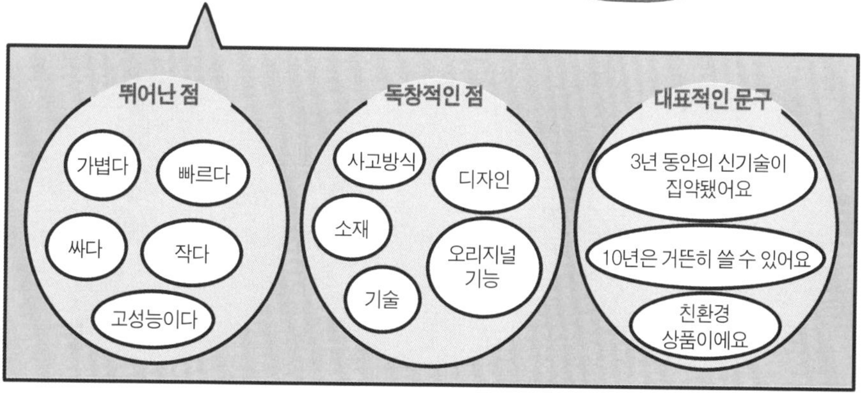
뛰어난 점
가볍다
빠르다
싸다
작다
고성능이다
독창적인 점
사고방식
디자인
소재
오리지널 기능
기술
대표적인 문구
3년 동안의 신기술이 집약됐어요
10년은 거뜬히 쓸 수 있어요
친환경 상품이에요

06 타깃을 끌어당기는 브랜드다움이란

'브랜드다움'의 하나인 '브랜드 퍼스널리티'는 브랜드의 개성이자 캐릭터를 가리킨다. 브랜드 퍼스널리티가 없으면 고객의 머릿속에 오래 남기 어렵다.

몇 번을 봐도 이름과 얼굴이 기억나지 않는 흐릿한 인상이 사람이 있는 반면, 딱 한 번 만났을 뿐인데 확실하게 기억에 남는 개성 강한 인물이 있다. **마찬가지로 브랜드도 소비자에게 기억되기 위해서는 자신만의 '개성'이 필요한데 이를 브랜드 퍼스널리티라고 한다.** '퍼스널리티'의 원래 뜻 그대로 **브랜드 인격**이라고 이해하면 쉽다. 일반인에게도 친숙한 브랜드 퍼스널리티의 예로는 도요타의 '성실함, 건실함', 스타벅스의 '도시적인 세련미' 등을 들 수 있다.

브랜드 퍼스널리티(브랜드 인격)

브랜드 퍼스널리티
=
강한 개성
브랜드의 개성
개성이 강한데
임팩트가 있어서 잊히지 않아!
개성이 강해야 머릿속에 오래 남죠

브랜드 퍼스널리티는 브랜드의 개성이자 캐릭터를 상징한다. 다른 사람의 개성을 따라 할 수 없듯이 타사의 브랜드 퍼스널리티는 쉽게 흉내 낼 수 없다. 일류 브랜드는 대부분 뚜렷한 개성을 가지고 있어서 경쟁사와 확실히 차별화되어 있다. 반대로 브랜드 퍼스널리티가 없으면 고객의 눈에는 특징 없는 브랜드로 비친다. 브랜드의 특징을 찾기가 어렵다면 고객의 입장에서 자사 브랜드를 분석해야 효과적이다. 예를 들어 낮은 가격으로 소구하는 브랜드의 경우 '낮은 가격 = 지구의 환경을 생각하나는 브랜드'라는 인식을 심어주자. 저렴한 가격을 원하는 고객뿐 아니라, **친환경**에 관심 있는 고객까지 **핵심 타깃**이 될 수 있다.

브랜드 퍼스널리티

↓

어떤 '브랜드다움'과 이미지를 전달할 것인가?

브랜드명	브랜드 퍼스널리티
도요타	성실함, 건실함
렉서스	성공한 사람
스타벅스	도시적, 세련미

일류 브랜드에는
명확한 개성이 있죠

낮은 가격으로
소구하는 브랜드의 예

저렴한 가격 → 경쟁사 있음

+

지구의 환경을 생각함

↓

이 브랜드 좋네!
알뜰한 살림꾼
쇼핑의 고수
윤리적인 사람

07 브랜드 가치 향상을 위한 4분면 분석 모델

브랜드 전략을 성공시키기 위해 이상적인 브랜드상이 잘 실현되고 있는지 확인하려면 '4분면 분석 모델'을 통한 관리가 효과적이다.

고객과의 접점인 터치포인트에서 이루어지는 브랜드 체험이 적절하지 못하면 브랜드 가치는 올라가지 않는다. 적절한 브랜드 체험이 이루어지도록 관리하는 방법에는 인터브랜드사에서 자체적으로 개발한 **4분면 분석 모델**이 있다. **이상적인 브랜드상을 중심에 두고 4분면을 각각 '상품과 서비스', '공간과 채널', '사람과 행동', '커뮤니케이션'으로 나눈 다음, 각 터치포인트에서 4가지 요소가 브랜드상에 맞게 적절하게 운영되는지 확인하면 된다**.

'상품과 서비스' 부분에서는 '어떤 종류의 상품을 제공할 것인가?', '그것은 어떤 성질

인터브랜드의 '4분면 분석 모델'

어떤 상품과
서비스가 좋을까
그것은
어떤 성질일까
누구에게 어떤 특징이
필요할까
각 터치포인트에서
4가지 요소를
체크하자
상품과 서비스
사람과 행동
브랜드상
어떻게 보이고
느끼고 싶은가
전하고 싶은 메시지는
무엇인가
공간과 채널
커뮤니케이션

인가?'라는 점을 확인해야 한다. '공간과 채널'에서는 '공간이나 환경을 어떻게 꾸밀 것인가'라는 관점으로 타깃이 느끼는 **공간이 주는 편안함**, 만족도 등을 조사한다. '사람과 행동'에서는 종업원이 지녀야 할 기술과 특징, 취해야 할 행동 등을 확인한다. 마지막으로 '커뮤니케이션'에서는 전달하고 싶은 메시지는 무엇인지, 고객을 모으려면 어떤 채널을 사용해야 하는지, 어떤 방법으로 메시지를 전달할지 등을 점검한다. 이와 같이 **4가지 부분으로 나눠서 계획대로 브랜드 체험이 진행되고 있는지 확인하고 개선해 나가면 이상적인 브랜드상에 가까워질 수 있다.**

☑ 4분면 분석 모델(예: 스타벅스)

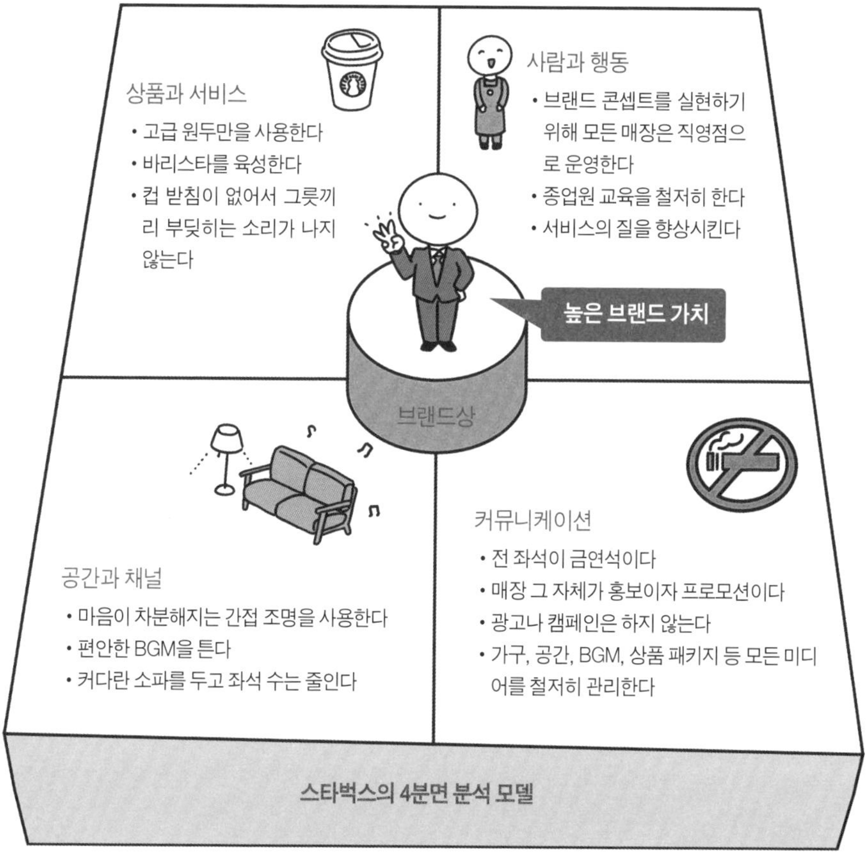
상품과 서비스
• 고급 원두만을 사용한다
• 바리스타를 육성한다
• 컵 받침이 없어서 그릇끼리 부딪히는 소리가 나지 않는다
사람과 행동
• 브랜드 콘셉트를 실현하기 위해 모든 매장은 직영점으로 운영한다
• 종업원 교육을 철저히 한다
• 서비스의 질을 향상시킨다
높은 브랜드 가치
브랜드상
공간과 채널
• 마음이 차분해지는 간접 조명을 사용한다
• 편안한 BGM을 튼다
• 커다란 소파를 두고 좌석 수는 줄인다
커뮤니케이션
• 전 좌석이 금연석이다
• 매장 그 자체가 홍보이자 프로모션이다
• 광고나 캠페인은 하지 않는다
• 가구, 공간, BGM, 상품 패키지 등 모든 미디어를 철저히 관리한다
스타벅스의 4분면 분석 모델

08 브랜드다움을 구성하는 시각적 · 언어적 요소

브랜드다움을 구체적으로 실현하는 브랜드 요소에는 시각적 요소와 언어적 요소가 있다. 각각의 요소가 통일되어야 브랜드의 세계관을 표현할 수 있다.

기업이 원하는 방향으로 타깃에게 브랜드다움을 전달하려면 먼저 로고나 브랜드 이름 등 브랜드를 구성하는 기본 요소를 구체화해야 한다. **브랜드 요소**에는 로고, 패키지 디자인과 같은 **시각적 요소**와 브랜드 이름, 브랜드 성명서 등의 **언어적 요소**가 있다. 또 소리와 냄새, 촉감 등 오감에 호소하는 요소도 있다. 이와 같은 **요소들이 브랜드다움을 적확하게 표현해야 브랜드 이미지가 만들어진다.**

통일감 있게 브랜드를 표현하기 위해서 브랜딩에는 따라야 할 규칙인 톤앤매너가 있다. 톤앤매너는 브랜드의 세계관을 표현하며 광고나 판촉물의 제작 방향이나 디자인

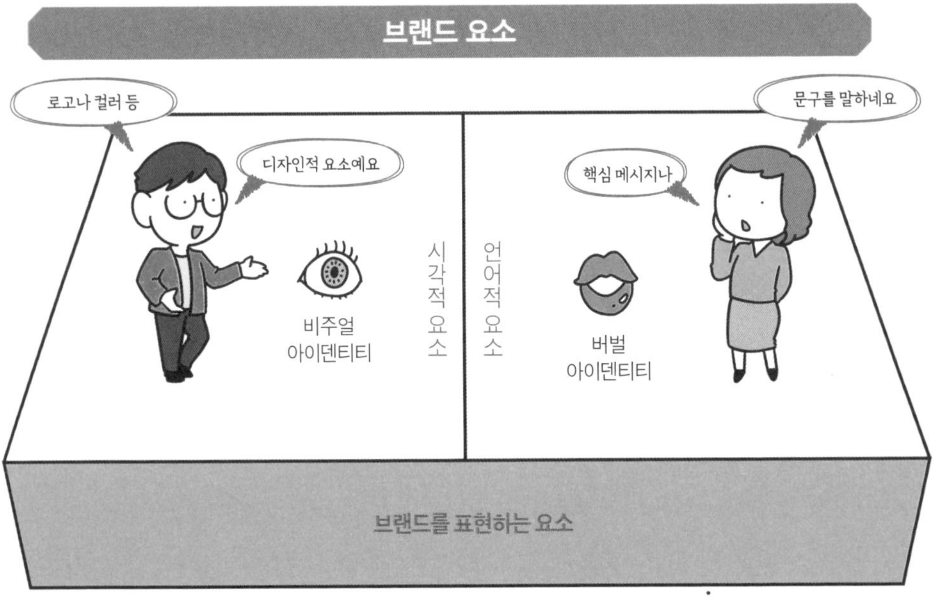

을 결정하는 근거가 된다. 디자인 회사나 광고대행사에서는 브랜드의 톤앤매너를 공통적으로 인식하고 있어야 한다. 만약 '심플함'을 브랜드다움으로 정한 브랜드가 광고에 화려한 형광색을 사용한다면 고객은 위화감을 느낄 수 있다. 따라서 광고의 색감을 정할 때도 브랜드의 톤앤매너에 맞춰야 한다. 여기서 주의할 점은 기업의 일방적인 관점으로 브랜드다움을 전달해서는 효과가 없다는 것이다. **브랜드다움이란 이를 받아들이는 고객이 느낄 수 있어야 성립**되므로, 올바르게 전달하기 위해서는 다양한 감각과 예민한 판단력이 필요하다.

캐주얼한 느낌을 살려야겠네
디자이너
광고 문구를 정할 때 참고해야지
광고대행사
사람에게 힘을 준다
발랄하고 생기있다
B
이런 세계관이에요
밝다
상냥하다
톤앤매너
멋보다는 통일감이 중요해요
다른 제작물도 같은 느낌이에요
사원
우리 브랜드의 브랜드다움이란 이렇답니다
느낌을 맞춰주세요
사원

09 로고 디자인에 공을 들여야 하는 이유

로고는 브랜드의 심벌이자 브랜드의 얼굴이다. 타깃의 기억에 남는 개성적이고 인상적인 로고 디자인을 만들려면 몇 가지 주의할 사항이 있다.

브랜드의 통일감을 유지하기 위해서 '브랜드상'을 시각화한 디자인 요소 전체를 가리켜 비주얼 아이덴티티 Visual Identity; VI **라고 한다.** **VI**를 구성하는 요소에는 로고나 마크, 컬러, 매장 인테리어나 상품 패키지, 웹 사이트 디자인 등이 있다. 그중에서도 로고는 **브랜드 심벌**이자 브랜드의 얼굴로 매우 중요한 요소다. 로고를 제작할 때는 로고의 패턴과 제작 요령 등을 이해하고 브랜드 전략을 반영하여 브랜드다움이 구체적으로 표현되도록 해야 한다.

로고 디자인은 브랜드다움을 가장 상징적으로 드러내는 요소다. 따라서 많은 경쟁

사 사이에서 눈에 띌 수 있도록 개성적이면서도 인상적인 디자인을 선택해야 한다. 로고를 결정할 때 구체적으로 주의할 점은 다음과 같다. **첫째, 자사의 생각을 표현한다.** 우리 브랜드가 가고자 하는 방향 즉, 브랜드의 본질과 특징 그리고 가치를 드러내야 한다. **둘째, 기억되기 쉬운 문자를 사용한다**. 아이콘만으로는 브랜드를 인지시키기 어렵다. 문자를 추가할 때는 읽고 발음하기 쉬운지 확인해야 한다. **셋째, 실제 현장에서 사용된다는 점을 염두에 두고 디자인한다.** 매장 인테리어나 상품 패키지, 웹 사이트 등에 표시되었을 때 어떤 인상을 주는지 고려해야 한다. **넷째, 어디선가 본 듯한 디자인은 피한다.** 비슷한 로고는 없는지 특허 정보 사이트 등에서 반드시 확인하자.

☑로고 결정 시 주의 사항
자사의 생각을 표현한다
예) 이온 그룹
AEON
라틴어의 '영원'이 반복해서 도는 모습
기억되기 쉬운 문자를 사용한다
예) 소니
누구나 쉽게 읽을 수 있다
SONY
기업의 생각이 담겨 있고 읽기 쉽도록
다른 사람에게 자랑하고 싶을 만한 로고를 만들어요
실제 현장에서 사용된다는 점을 염두에 두기
너무 작아서 안 보여!
어디선가 본 듯한 디자인은 피하기
저 브랜드랑 똑같잖아!
너무 고민하다 보니 오히려 별로야
발표하기 전에 반드시 확인해 두자

10 색이 주는 느낌을 이용한 브랜드 컬러

'핵심 컬러'는 브랜드의 이미지를 표현하는 중요한 시각적 요소다. 브랜드의 본질과 가치 그리고 콘셉트에 맞는 브랜드 컬러를 정하자.

브랜드를 만들 때 **색(핵심 컬러)**은 매우 중요한 요소다. **사람은 문자보다 먼저 색으로 판단**하기 때문이다. 예를 들면 거리를 걷다가 주황, 녹색, 빨강으로 이루어진 세 가지 선을 보면 자연스럽게 '세븐일레븐'을 떠올린다. 또 빨간색 하면 '코카콜라'를, 녹색 하면 '스타벅스'를 연상하는 경우가 많다. 이처럼 색깔이 사람의 머릿속에 브랜드를 떠올리게 만드는 예는 무궁무진하다. 브랜드 컬러는 보통 로고에 들어간 기본색인 경우가 많은데, 전략적으로 사용하면 다양한 효과를 얻을 수 있다.

색으로 브랜드를 떠올린다는 것은 핵심 컬러를 무엇으로 설정하느냐에 따라 고객에

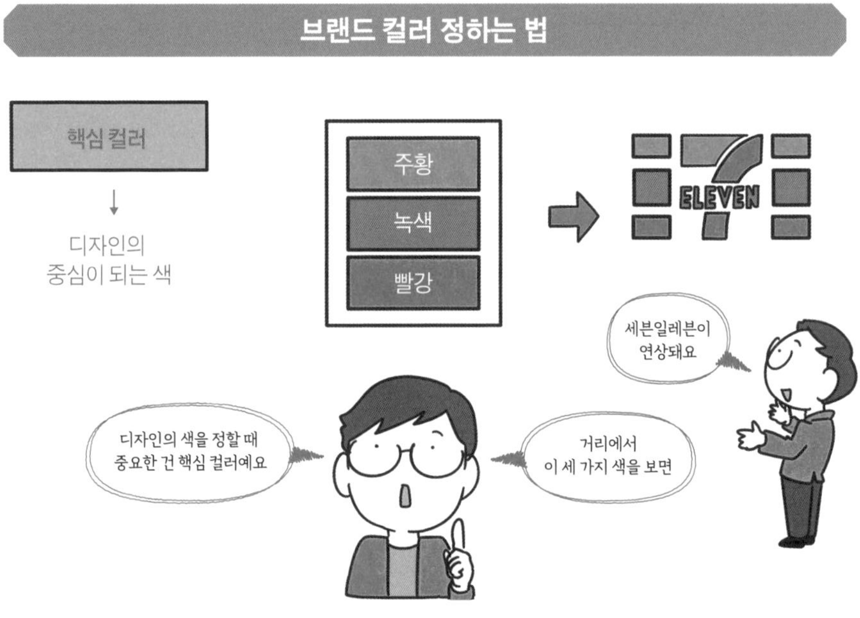
브랜드 컬러 정하는 법
핵심 컬러
디자인의
중심이 되는 색
주황
녹색
빨강
ELEVEN
세븐일레븐이
연상돼요
디자인의 색을 정할 때
중요한 건 핵심 컬러예요
거리에서
이 세 가지 색을 보면

게 기억되고 인상에 남는 브랜드가 될 수 있다는 의미다. 색에는 각각 연상되는 말이 있어서 빨강은 정열, 흥분, 뜨거움, 강함, 불타오름을, 노랑은 명랑함, 활발함, 편안함, 전진을, 녹색은 상쾌함, 젊음, 신선함, 평화로움을, 파랑은 조용함, 시원함, 개방감, 청결함을, 보라는 고상함, 우아함, 품위 있음을 상징한다. 이처럼 색은 사람에게 다양한 느낌을 준다. 저렴한 가격을 고수하는 브랜드는 주로 빨강이나 노랑을 사용하는 경향이 있고, 고급화 전략을 추구하는 브랜드에서는 금, 은, 검정 등 어두운 계열의 색을 선호한다. 기업에서는 보통 **색이 주는 느낌을 이용해서 브랜드 컬러를 선택한다.** 브랜드의 핵심 컬러는 브랜드의 콘셉트와 잘 어울리는 색 한두 개를 고르면 된다.

브랜드 컬러의 요소

☑색의 이미지와 브랜드 컬러의 예

색	이미지	예
빨강	정열, 흥분, 강함, 뜨거움	JAL 항공, 코카콜라, NTT도코모, 도요타, 라쿠텐
보라	고상함, 우아함	안나 수이, 야마하
노랑	명랑, 활발, 편안함, 전진적	맥도날드, 소프트뱅크, 야마토 운수
초록	상쾌함, 젊음, 신선함, 평화	미쓰이 스미모토 은행, 스타벅스, 라인
파랑	조용함, 시원함, 개방감, 청결함	ANA 항공, 아사히 맥주, 인텔

색의 이미지를 참고해서
브랜드 컬러를 결정해요

11 시각적 요소는 통일감이 중요하다

브랜드다움을 시각화하려면 '핵심 비주얼'과 '비주얼 이미지' 등으로 브랜드상을 구현해서 통일감을 줘야 한다.

로고나 핵심 컬러 외에 고객에게 브랜드다움을 전달할 때 중요한 시각적 요소로는 **색의 조합**이 있다. 광고나 웹 사이트를 제작한다면 핵심 컬러 하나만 사용하기는 어려워서 몇 가지 색이 더 필요하기 때문이다. 이때 색의 조합이 광고마다 다르다면 통일감이 드러나지 않아 '브랜드다움'을 전달하는 데 실패할 수 있다. 따라서 **'컬러 차트(배색 규칙)'를 만들어놓고 광고물 등을 제작할 때 통일감을 주어야 한다.**

그 외에 또 중요한 시각적 요소에는 **핵심 비주얼**key visual이 있는데, 이는 사진 · 캐릭터

색의 조합도 브랜드의 중요한 시각적 요소 중 하나다

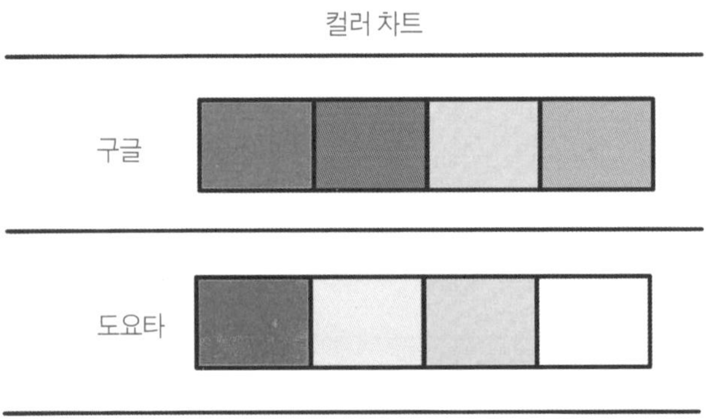
컬러 차트
구글
도요타

핵심 컬러에
몇 가지 색을 더해서
통일감을 만들어요

· 그래픽 디자인 등으로 브랜드가 전달하고 싶은 목표를 하나의 이미지와 메시지로 정리한 것이다. 로고와 함께 핵심 비주얼이 반복해서 노출되면 고객의 머릿속에 떠오르는 브랜드 이미지가 확고해진다. 핵심 비주얼은 아니지만 다양한 터치포인트에서 사용되는 사진인 '비주얼 이미지'도 브랜드 이미지에 큰 영향을 미치는 요소다. 비주얼 이미지도 색의 조합과 톤을 브랜드의 컬러 차트에 맞춰 통일감을 유지해야 한다. 이처럼 여러 가지 시각적 요소의 통일감을 위해 사전에 규칙을 정하는 것을 **디자인 시스템**이라고 한다. 이상적인 브랜드상을 정확하게 전달하고 브랜드다움을 지키기 위해서는 디자인 시스템을 통해 정해진 비주얼 사용법을 잘 따라야 한다.

핵심 비주얼

사진·캐릭터·그래픽 디자인 등 브랜드가 전달하고 싶은 목표를 하나의 이미지와 메시지로 정리한

핵심 비주얼의 예

비주얼 이미지

다양한 터치포인트에서 사용되는 비주얼 이미지

비주얼 이미지의 예

디자인 시스템

브랜드상을 정확하게 전달하기 위해 비주얼 사용법을 정한다

디자인 시스템의 예

12 브랜드 이미지를 대표하는 브랜드명

브랜드 이미지를 구성하는 버벌 아이덴티티 중에서 '브랜드명'은 가장 중요한 요소다. 브랜드명은 이해하기 쉬워야 고객에게 빨리 기억될 수 있다.

언어적 브랜드 요소를 가리키는 **버벌 아이덴티티**는 시각적 요소만큼이나 브랜드다움을 표현하는 데 중요한 역할을 한다. 그중에서도 특히 **'브랜드명'은 브랜드 이미지에 가장 큰 영향을 미치는 요소다.** 로고는 알아보기 쉽게 만들어야 한다면, 브랜드명은 단어의 의미를 한 번에 이해할 수 있도록 만드는 것이 중요하다. 타깃에게 브랜드명을 가능한 빨리 기억시키고 브랜드 이미지를 심어주려면 단어를 선택할 때 신중을 기해야 한다. **이해하기 쉬운 브랜드명을 만드는 방법에는 다음과 같은 4가지 패턴이 있다.**

브랜드명의 패턴

❶ 고유명사나 조어

하나의 의미를 나타내는 낱말이나 고유명사로 표현하기

하나의 의미를 나타내는 단어
- Apple
- Windows

단어 자체에 의미가 있는 것

지명이나 이름
- SAPPORO
- Dior
- TOYOTA
- 마쓰모토키요시(창업자 이름)
- TESLA(발명가 이름)

이름 등 고유명사에서 의미가 생겨나는 것

의성어 Pocky

가느다란 막대기가
부러질 때 나는
'톡'소리에서 따 왔어요

첫 번째는 고유명사나 조어를 활용해 한 단어로 표현하는 방법이다. '애플'처럼 하나의 의미를 나타내는 단어나 고유명사, 조어 등을 이용하는 것이다. '삿포로'나 '마쓰모토키요시'처럼 지명이나 고유명사를 그대로 쓰는 경우도 있다. **두 번째는 단어와 단어를 조합하는 방법**이다. '유니클로[유니크 unique+클로싱 clothing]'처럼 의미를 가진 단어나 고유명사, 조어를 섞어서 만든다. **세 번째는 단어의 머리글자를 따는 방식인 '애크러님 acronym'이다.** '아식스 ASICS'의 브랜드명은 라틴어 문구인 '건강한 신체에 건전한 정신 Anima Sana In Corpore Sano'의 앞 글자를 따서 만들었다. **네 번째는 문자의 순서를 바꾸거나 뒤로 읽는 '애너그램 anagram'을 활용하는 방법이다.** 이 밖에도 고객에게 가치가 있는 단어를 그대로 브랜드명으로 사용하는 기업도 있다.

❷ 단어와 단어의 조합

의미를 가진 단어를 조합하거나 고유명사, 조어 활용하기

유니클로 = 유니크(unique) + 클로싱(clothing)
포스틱 = 포테이토(potato) + 스틱(stick)

두 개를 합체

❸ 단어의 앞 글자 따기

아식스 = Anima Sana In Corpore Sano
('건강한 신체에 건전한 정신'이라는 뜻의 라틴어)

DHC = Daigaku Honyaku Center
('대학 번역 센터'라는 뜻의 일본어)

*대학교 연구소를 대상으로한 번역 사업으로 시작됐고,
이후 화장품, 건강식품 등으로 사업을 확장했다.

각 단어의 머리글자

❹ 단어의 순서를 바꾸거나 뒤로 읽기(애너그램)

콘사도레 삿포로(홋카이도 축구팀)
= 도산코(道産子, 홋카이도 사람들)를 거꾸로 한 단어 '콘사도'
+ 라틴어 '올레(-ole)'를 합친 말 → 콘사도레

순서를 바꿔요
그 외에도 '여기어때'처럼
대화에서 사용되는
짧은 문구를
그대로 쓰기도 해요

13 브랜드명을 정할 때 주의할 사항

브랜드명은 사람의 이름처럼 중요한 것이어서 간단히 바꿀 수 없다. 따라서 브랜드명을 정할 때는 여러 사례를 참고해서 실수하지 않도록 주의하자.

브랜드명을 정할 때는 다음과 같은 점을 주의해야 한다. **첫째, 흔한 이름은 피한다.** 브랜드명은 기억하기 쉬워야 하지만 그렇다고 다른 것과 혼동되기 쉬운 흔한 이름을 사용해서는 곤란하다. 또 지나치게 단순하면 이미 타사에서 상표나 브랜드로 등록했을 가능성이 높다. 물론 세상에는 '애플'처럼 쉽고 흔한 브랜드명도 존재하지만, 거대한 자본력과 대량의 광고를 통해 유일무이한 존재로 인식되고 있는 애플과 같은 브랜드를 따라 하는 것은 옳지 않다.

둘째, 읽기 쉬워야 한다. 고객이 바로 읽을 수 없다면 기억에도 남지 않는다. 알파벳

브랜드명을 정할 때 주의사항

❶ 흔한 이름은 피하자
검색해도 상위에 오르기 힘들다
애플
오렌지는 어때?
아니야!
❷ 읽기 쉽게 만들자
EZFLG
새로운 브랜드
기억할 수가 없어
어떻게 읽는 거야

이라도 어떻게 읽는지 모르거나, **발음**이 어렵다면 브랜드명으로 적합하지 않다. **셋째, 경쟁사와 비슷한 이름은 제외한다.** 다른 회사를 따라 했다고 생각되는 이름은 신뢰를 얻기 힘들다. **넷째, 외국인도 쉽게 읽을 수 있어야 한다.** 인터넷이 발달한 현대 사회에서는 외국인이 브랜드명을 접할 기회가 많기 때문에, **알파벳으로 표기**했을 때 외국인도 발음하기 쉬운 이름으로 하는 것이 좋다. **다섯째, 해외에서는 어떤 뜻으로 사용되는지 확인하자.** 세계를 무대로 활약하기를 원한다면 브랜드명이 해외에서 부정적인 뜻으로 사용되지 않는지 반드시 확인해야 한다. **여섯째, 쉽게 싫증나거나 유행에 좌우되지 않아야 한다.** 기발함으로 어필하는 브랜드명은 **진부해지기 쉽다**는 점을 기억하자.

❸ 경쟁사와 비슷한 이름은 제외하자
Appre
어때?
Apple이랑 너무 비슷해
❹ 외국인도 읽기 쉬워야 한다
어떻게 발음하는 거지?
MATSUDA
MAZDA
외국인
이건 알겠어
❺ 해외에서는 어떤 뜻으로 사용되는지 확인하자
NO!
칼피스
Cow piss (소의 소변)
CALPIS SODA
칼피코
(미국, 캐나다, 인도네시아 3개국에서 사용되는 이름)
❻ 싫증 나지 않아야 한다
• 유행에 좌우되지 않는 것
• 멀티미디어○○
너무 옛날식인데
고객

14 일정한 '목소리 톤'이 믿음을 준다

터치포인트마다 말투를 바꾸는 브랜드는 신뢰받을 수 없다. 브랜드다움을 전달하려면 표현 방식이나 말투를 통일해서 브랜드의 '목소리 톤'을 일정하게 유지하는 것이 중요하다.

브랜드를 언어로 표현할 때는 **어조**와 **말투**를 통일해서 일관성 있게 메시지를 전달해야 한다. 이를 브랜드의 **목소리 톤**Tone Of Voice이라고 하는데, 언어적인 브랜드 요소를 전달할 때 반드시 염두에 두어야 한다. 브랜드의 '목소리 톤'은 브랜드를 하나의 사람이라고 생각하면 이해하기 쉽다. 만일 어떤 사람이 고객을 대할 때마다 말투가 달라진다면 어떨까. **고객은 아마도 그 사람을 만날 때마다 무엇이 진짜 모습인지 몰라 혼란스러울 것이다.** 따라서 브랜드 이미지를 전달할 때는 어떤 단어와 어조로 이야기할지 미리 정해서 통일성을 갖는 것이 중요하다. 말하자면 외모뿐 아니라 말투에도 브랜드만의

브랜드의 '목소리 톤'

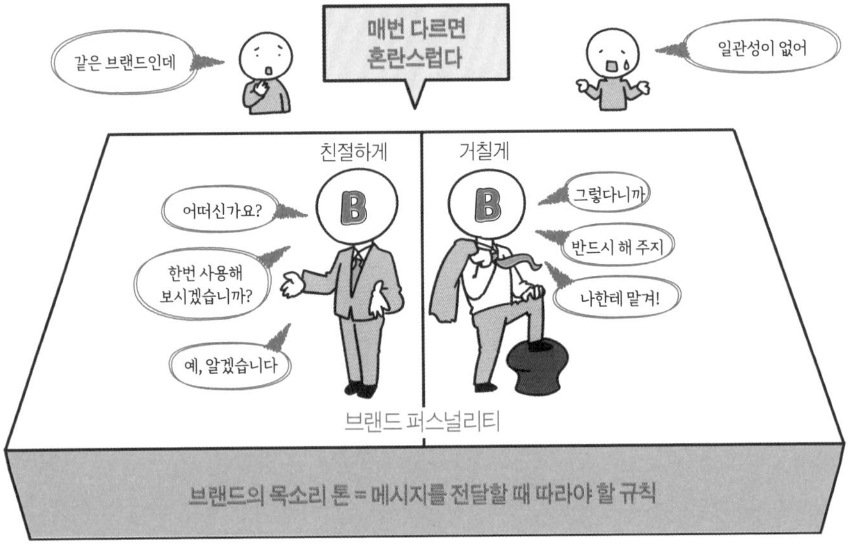
같은 브랜드인데
매번 다르면 혼란스럽다
일관성이 없어
친절하게
거칠게
어떠신가요?
한번 사용해 보시겠습니까?
예, 알겠습니다
그렇다니까
반드시 해 주지
나한테 맡겨!
브랜드 퍼스널리티
브랜드의 목소리 톤 = 메시지를 전달할 때 따라야 할 규칙

규칙이 필요한 것이다.

브랜드의 '목소리 톤'이란 브랜드 이미지를 손상시키지 않으려면 어떻게 말해야 할지 정해둔 것인데 그 내용을 간단히 말하자면 '이해하기 쉽게, 구체적으로, 정중하게' 이야기하는 것이다. 목소리 톤에 대한 기준이 필요한 이유는 브랜드다움을 고객에게 직접 전달하는 과정에서 자칫 고객의 입장을 잊는 경우가 많기 때문이다. 기능적인 특성을 전달하기 위해 지나치게 전문적인 내용까지 설명한다거나, 정서적인 특성을 전달하려는 마음에 구체성을 잃어버리는 경우다. 고객의 입장에서 브랜드다움을 전달하려고 노력하지 않으면 공들인 정보 전달이 오히려 불친절하게 느껴질 수 있다. **브랜드의 '목소리 톤'에 대한 기준이 있으면 정보의 과잉이나 부족, 혹은 불친절함을 피할 수 있고, 터치포인트와 직원에 따라 말투가 달라지는 일**을 막을 수 있다.

언제든지 만날 수 있어요!
즐겁게 해드리겠습니다!
뿅
5초 안에 찾아뵙겠습니다!
브랜드다움
브랜드 퍼스널리티
친해지기 쉽겠어
구체적인데
이해하기 쉬워
무섭지 않아서 마음이 놓여
기준이 되는 숫자가 있어서 좋은데
복잡하지 않아서 다행이야

KEY WORD ☑ 메시지 시스템, 체계적(논리적), 소비자, 이해관계자

15 메시지는 통일돼야 혼란스럽지 않다

브랜딩은 모든 곳에서 일관성을 유지하는 것이 중요하다. 언어적인 측면에서 메시지에 논리와 일관성을 유지시키는 것이 '메시지 시스템'이다.

브랜딩은 모든 곳에서 일관성을 유지하는 것이 중요하다. 이를 위해서는 다양한 터치포인트에서 메시지의 논리와 일관성을 유지시키는 **메시지 시스템**이 필요하다. 앞에서 말한 '목소리 톤'이 어떻게 말할지에 관한 문제였다면, **메시지 시스템이란 무엇을 말할지를 체계적(논리적)으로 정리한 하나의 지침서라고 할 수 있다.** 만약 고객에게 브랜드상을 전달할 때 전에 말한 것과 내용이 다르거나 애초에 메시지에 모순이 있다면 고객은 그 브랜드를 신뢰하지 않을 것이다. 이를 막기 위해 필요한 것이 바로 '메시지 시스템'이다.

일관성 있는 브랜드 메시지

전에는 ○○이었지만 이번에는
○ ○XX 브랜드
전이랑 말이 다르잖아
믿을 수가 없네
브랜드
고객

일관성이 없으면 브랜드는 믿음을 줄 수 없다. '메시지 시스템'에는 브랜드상을 사내외에 알리기 위해 **누구에게, 어떤 터치포인트에서, 무엇을, 어떻게 전달할지 명확하게 정리되어 있다.** 브랜드를 효과적으로 표현하는 말을 메시지 시스템 안에 집약시켜 두면 전시회, 매장, 브랜드 관계자의 연설, 광고나 홍보, 웹 사이트, SNS 등을 통해서 **소비자**와 **이해관계자**를 포함한 모든 소비자에게 일관성 있는 메시지를 전달할 수 있다. 브랜딩을 진행할 때 일관성은 자칫 간과하기 쉬운데, 고객에게 신뢰를 얻기 위해서는 절대 놓치지 말아야 할 부분이다.

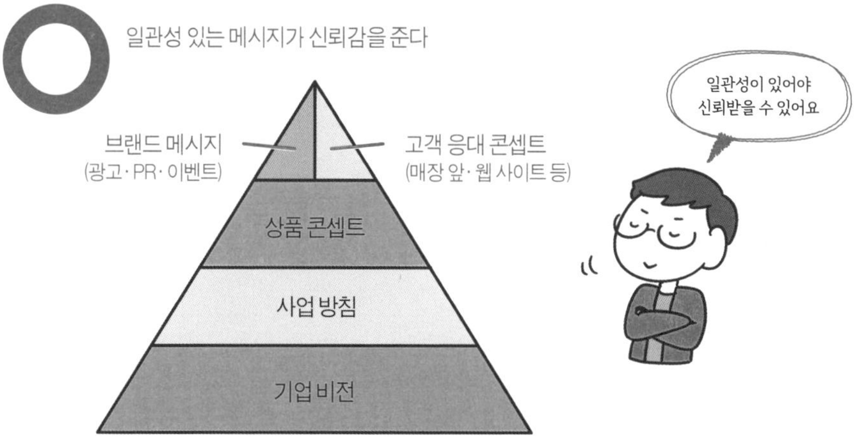

KEY WORD ≫ ☑태그라인, 브랜드 심벌, 브랜드 성명서

16 슬로건은 최대한 쉽게

이상적인 브랜드상을 짧은 문장으로 표현한 것이 '태그라인'과 '브랜드 성명서'다. 브랜드의 지향점이 무엇인지 보여주는 중요한 요소다.

브랜드명 다음으로 중요한 언어적 브랜드 요소가 **태그라인**이다. **'태그라인'이란 브랜드의 슬로건으로 이상적인 브랜드상을 한마디로 표현하는 짧은 단어나 문구를 말한다.** 태그라인은 광고에 사용되는 메인 카피와는 다르다. 브랜드가 지향하는 바와 고객에게 어떤 가치를 제공할지 보여주는 슬로건으로 오랜 기간 동안 사용되는 것이 특징이다. 해외 브랜드의 유명한 태그라인으로는 나이키의 'Just do it'과 애플의 'Think Different'가 있다. 태그라인의 핵심은 자사의 브랜드가 어떤 존재인지, 고객에게 전달하고 싶은 메시지는 무엇인지 짧은 문구로 집약해서 표현하는 것이다.

태그라인과 브랜드 성명서

☑브랜드명 다음으로 생각할 것
정했다! 다음은?
슬로건을 생각하자!
태그라인이 슬로건이고
브랜드 성명서가 슬로건을 좀 더 구체적으로 설명한 것이군
브랜드명
태그라인
브랜드 성명서

태그라인이 효과적으로 사용되면 로고와 같은 **브랜드 심벌**과 비슷한 기능을 발휘한다. 유명 브랜드의 광고에서는 로고 밑 중앙에 슬로건을 표시하는 경우가 많으니 이를 참고하자. 마찬가지로 브랜드의 언어적 요소인 **브랜드 성명서**는 브랜드의 이념과 이상적인 브랜드상을 간결한 문장으로 표현한 것이다. 태그라인보다 좀 더 구체적으로 쓴 것으로 **'우리가 어떤 브랜드인지, 고객에게 어떤 가치를 제공하고 싶은지'를 약속하는 선언서라고도 할 수 있다.** 이상적인 브랜드상을 명문화한 것으로 사내외에 연대감을 만드는 효과도 있다.

브랜드의 언어적 요소를 결정하는 순서예요
브랜드명을 결정했으니 달려볼까?
태그라인 좋아, 슬로건을 정하자
로고와 함께 사용하니 아주 중요해
브랜드명
태그라인
브랜드가 어떤 가치를 제공할지 구체적으로 약속하는 거야
이건 말하자면 선언서랄까
상품과 웹 사이트에서 사용할 단어를 고르는 거야
브랜드 성명서
단어 선택
흥미를 끌 수 있도록!
마음을 울리는 스토리를 만들어야 해
브랜드 스토리
메인 카피

17 오감을 자극하는 브랜드 요소

시각과 언어 외에도 고객의 오감을 자극하는 브랜드 요소가 있다. 브랜드 콘셉트와 잘 어울리는 소리, 냄새, 맛, 촉감 등을 활용해보자.

브랜드 이미지는 다양한 **터치포인트**에서 고객이 오감으로 느끼는 브랜드 체험을 통해 형성된다. 즉, **시각 이외에도 청각, 후각, 미각, 촉각 등을 통해 브랜드 파워를 강화시킬 수 있다는 말**이다. 특정 광고의 **멜로디**를 들은 순간 어떤 브랜드나 상품이 떠오른 적이 있을 것이다. 이는 우리가 청각을 통해 그 브랜드를 기억하고 있기 때문이다. 멜로디의 형태가 아니더라도 특정 소리가 우리의 뇌를 자극하기도 한다. 미국의 유명한 오토바이 브랜드 '할리 데이비슨'은 독특한 엔진 소리 덕분에 아는 사람은 이 엔진 소리만 들려도 할리 데이비슨을 떠올린다.

오감을 자극하는 브랜드 이미지

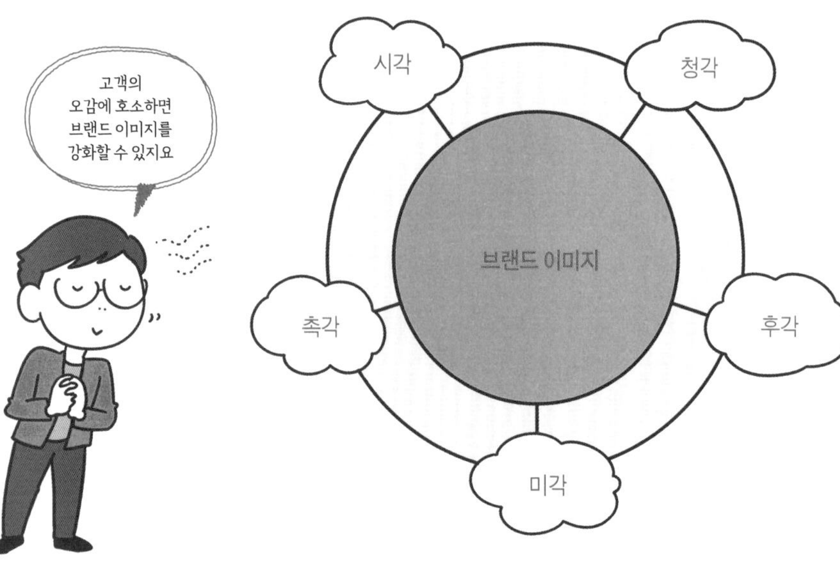

브랜딩에 냄새나 향기와 같은 후각을 활용하는 예도 있다. 향기도 상표권을 등록할 수 있어서 샤넬이나 크리스찬 디올처럼 고급 브랜드에서는 자신들만의 향기를 정해 두고 사용한다. 코카콜라는 독특한 모양의 용기로도 잘 알려져 있지만, 어느 누구도 **따라 할 수 없는 절대적인 맛**이 가장 강력한 무기다. 예전에 맛을 한번 바꾼 적이 있었는데 고객들이 떨어져 나가는 바람에 바로 원래의 맛으로 돌아온 적이 있을 정도다. 또한 얼음 모양을 형상화하여 캔의 겉 표면을 울퉁불퉁하게 만든 기린의 주류인 '효케쓰氷結'처럼 상품의 촉감도 브랜드를 연상시키는 요소 중 하나다. 브랜딩에 오감을 활용할 때도 브랜드의 개성과 콘셉트에 맞는 전략을 선택해야 한다. 아무리 좋은 전략이라도 우리 브랜드와 맞지 않으면 의미가 없음을 기억하자.

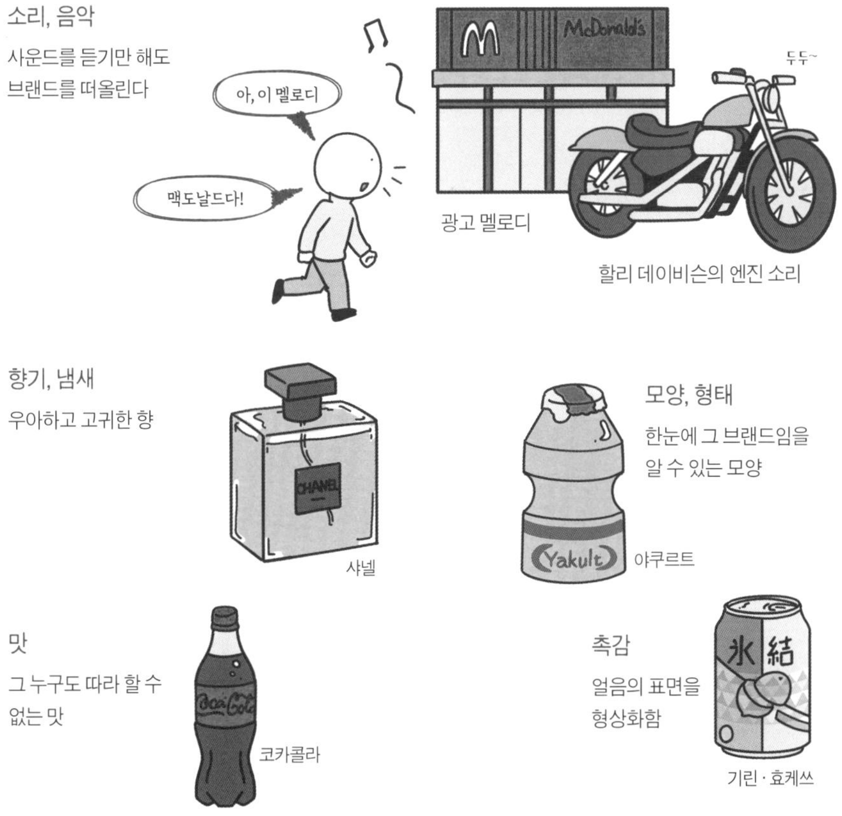

KEY WORD ››› ☑비주얼 심벌, 핵심 요소, 디자이너, 전문성, 자사 브랜드에 대한 이해도, 포인트, 창조성

18 좋은 디자이너와 함께 일하는 방법

브랜드다움을 보여주는 창작물인 '크리에이티브'는 함께 작업할 디자이너가 중요하다. 디자이너를 선택할 때는 어떤 점을 주의해야 하는지 알아두자.

브랜딩의 크리에이티브 분야에서는 사내외 전문 스태프들과의 협업이 중요하다. **특히 로고와 같은 비주얼 심벌은 브랜딩의 핵심 요소이기 때문에 전문 디자이너가 필요하다.** 디자이너를 선택하는 방법은 직접 **디자이너**를 지명하는 방법과 공모전을 여는 방법으로 크게 나눌 수 있다. 디자이너를 지명하겠다면 사내에서 선택할지 사외에서 찾을지, 사외라면 국내와 국외 중 어느 쪽이 나을지 등을 고려해야 한다.

참신한 아이디어로 브랜드에 활력을 불어넣길 기대하면서 다양한 분야에서 경험을 쌓은 디자이너를 찾는 방법도 있지만, 해당 업계와 상품에 대해 잘 알고 **전문성**을 지닌

디자이너는 창작물을 함께 만들 파트너다

브랜드 콘셉트를
공유해요
크리에이티브의
목적을 알려요
브랜드상을
전달해요
그렇구나
로고와
비주얼 이미지
디자인 요소를
너무 구체적으로 지시하는 것은
좋지 않아요
디자이너
비주얼 담당
브랜드 담당자
브랜드 콘셉트

디자이너를 고르는 것도 좋은 방법이다. 실적이 적거나 함께 일해본 적 없는 디자이너는 **자사 브랜드에 대한 이해도**가 낮을 수 있으니 각별히 주의해야 한다. 한편 공모전을 진행한다면 비용이 많이 들고 품질이 크게 차이 나는 오픈형 공모전보다는 몇 사람을 지명하여 경쟁을 붙이는 쪽이 일반적이다. 최근에는 해외 디자이너를 공모전에 참가시키기도 하는데 이 경우 심사할 때 더욱 신중해야 한다. 이와 같이 **'자사 브랜드에 대한 이해도'와 '브랜드의 새로운 포인트를 찾아내는 창조성' 중 어느 쪽을 우선할지, 또 디자이너에게 기대하는 바가 무엇인지에 따라서 디자이너를 고르는 방법은 달라진다.**

☑디자이너에게 전달할 사항

한눈에 보는

브랜딩 용어

KEY WORD

>>> p.46, 62, 65~66, 141

이해관계자

영어로는 '스테이크홀더(stakeholder)'라고 한다. 기업 활동에 영향을 주는 모든 관계자를 말한다. 금전적인 이해관계가 따르는 고객·주주는 물론이고, 그룹과 기업의 직원, 거래처, 금융기관, 지역주민, 행정기관도 해당된다. 나아가 이해관계뿐 아니라 경쟁을 통해 이익과 손실을 나눠 갖는 경쟁 기업도 포함된다.

KEY WORD

>>> p.116~117, 170~171

자기표현적 편익

자신의 스타일과 가치관을 연출하는 수단으로 그 브랜드가 적당하다고 느끼는 감정, 혹은 그 브랜드나 서비스를 이용하면 자신의 지위가 올라간다고 느끼는 것처럼 자기표현이나 자기실현욕구가 채워지면서 얻는 이익.

KEY WORD

>>> p.33, 35, 62~63, 67, 124, 133, 138~141, 144, 152, 160~161, 164, 166, 185, 194~195, 197, 216~217

터치포인트

브랜드와 고객을 연결하는 다양한 접점. 매장뿐 아니라 기업에서 내보내는 광고, 웹 사이트, SNS 채널, 인터넷 입소문 등을 포함한다. 기업이나 브랜드의 인지도를 높이려면 가장 먼저 터치포인트의 수를 늘려야 한다.

KEY WORD

>>> p.142

태그라인

기업과 그 브랜드의 콘셉트, 이념, 상품이나 서비스를 간결하게 전달하는 말. 기능적인 면뿐 아니라 정서적인 면에서 뛰어난 점도 태그라인을 통해 전달할 수 있다. 주로 이상적인 브랜드상을 집약해서 표현한다. 때에 따라 달라지는 광고의 메인 카피와는 다른 개념으로 기업의 보편적인 가치를 내포한다.

KEY WORD

>>> p.129

특허 정보 사이트

국내에는 '키프리스(www.kipris.or.kr)'라는 사이트가 있다. 특허청이 보유한 국내외 지식 재산권과 관련된 정보가 담겨있다. 한국 특허 정보원이 운영하며 사용자는 간단한 인터넷 검색을 통해 모든 정보를 무료로 열람할 수 있다.

CHAPTER 5

브랜드다움을 알리다

브랜드다움을 만들었다고 안심하기는 이르다. 브랜드 표현이 흔들리면 브랜드다움이 무너지고 고객에게 외면받는다. 브랜드다움을 유지하고 일관된 이미지를 노출하기 위한 방법을 알아보자.

01 브랜드 가이드라인으로 브랜드다움 지키기

원래 상품과는 좀 다르다거나 모조품일지도 모른다는 불신을 주지 않으려면 항상 브랜드의 일관성을 유지해야 한다. 이때 브랜드 가이드라인이 필요하다.

브랜딩을 진행할 때는 소비자와의 다양한 접점, 즉 **터치포인트에서 항상 일관된 브랜드다움을 보여줘야 한다.** 구체적으로는 상품 포장, 광고, 웹 사이트, 이벤트, 각종 동영상, SNS 등 소비자에게 전달되는 모든 형태의 정보를 관리해야 한다. 여기에 일관성이 없으면 고객에게 브랜드다움은 전달되지 않는다. 일관성을 유지하기 위해서는 자사 브랜드의 표현 방식을 정리한 **브랜드 가이드라인**을 만들고 이를 엄격하게 지켜야 한다. 브랜드의 세계관과 다른 표현은 브랜드다움에 혼동을 줄 뿐 아니라 고객에게 불신을 안겨 줄 위험도 있다.

브랜드다움이 흔들리면

로고는 짧은 시간 안에 소비자에게 브랜드를 인지시키는 중요한 역할을 하는 만큼 이미지 표현에 대한 명확한 규칙이 있어야 한다. 포장지에 들어가는 로고의 가로세로 비율이 정확하지 않거나, 닮긴 했지만 다른 **서체(폰트)**가 쓰이거나, 컬러가 미묘하게 다르다면 어떨까. 아마도 고객은 로고의 모양이 평소와 달라서 이 상품이 모조품일지도 모른다고 생각할 것이다. 이 경우 고객은 진짜가 맞는지 확인하기보다는 그냥 구입하지 않을 가능성이 높다. 고객뿐 아니라 거래처도 마찬가지다. 실수로 **로고가 잘못 들어가면 거래처에서는 우리를 로고도 제대로 관리하지 못하는 회사**로 여길 수 있다. 이처럼 브랜드 로고에 일관성이 없으면 고객뿐 아니라 매장에서도 외면받는다.

5장 브랜드다움을 알리다

02 브랜드 가이드라인 만들기

브랜드 가이드라인에는 브랜드상을 표현하는 스토리나 슬로건을 통해 브랜드의 세계관을 전달하는 메시지를 담아야 한다.

브랜드의 표현 방식을 규정하는 브랜드 가이드라인은 '인트로덕션', '버벌 아이덴티티', '비주얼 아이덴티티' 3가지 요소로 구성된다. 먼저 **'인트로덕션'에서는 이상적인 브랜드상과 브랜드의 체계 등 브랜드의 근간을 이루는 사고방식을 보여준다.** 여기서 제일 먼저 나와야 할 것이 브랜드 **포지셔닝**이다. 자사 브랜드가 시장에서 점하고 있는 위치를 보여주고, 브랜드가 지닌 독자성과 경쟁사와의 차별점을 명확하게 드러내야 한다. 그리고 정서적인 측면에서 설정한 **브랜드 퍼스널리티**인 브랜드 퍼스널리티와 분위기도 설명해야 한다. 마지막에는 자사 브랜드가 어떤 구조로 이루어져 있는지 '브랜드 아키텍처'*를 그

* **브랜드 아키텍처**(Brand Architecture): 기업이 가지고 있는 각 브랜드의 계층구조를 설명하는 도표. 모기업과 계열사처럼 상하부 브랜드 간의 상관관계를 한눈에 파악할 수 있다.

브랜드 가이드라인의 구성 요소

브랜드 가이드라인

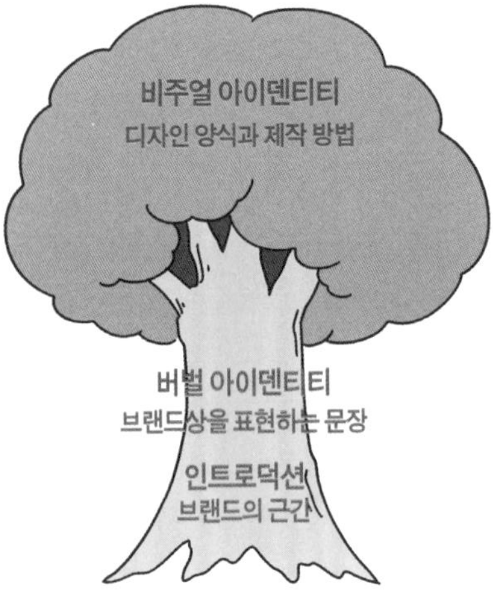

인트로덕션

❶ 포지셔닝

경쟁사와의 차별점을 명확히 하고 브랜드다움을 보여준다

❷ 브랜드 퍼스널리티

정서적인 측면에서 설정한 브랜드의 인격을 설명한다

❸ 브랜드 아키텍처

브랜드의 체계와 구조, 사업 그룹 간의 계층 등을 설명한다

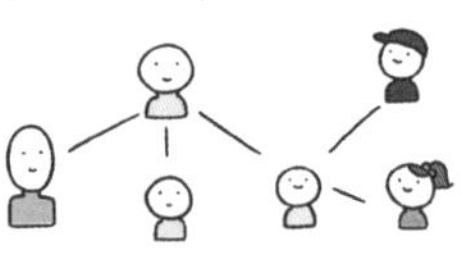

려서 보여준다.

이어서 **'버벌 아이덴티티'란 문자 그대로 문장으로 구축된 브랜드의 세계관**을 말한다. 우선 감정에 호소하는 **브랜드 스토리**로 브랜드상을 표현한 뒤, 이를 간단하게 '브랜드 성명서'로 정리한다. 성명서에는 브랜드상을 상징적인 한마디로 정리한 슬로건도 담는다. 다음은 브랜드의 핵심 메시지와 이를 전달하는 방법을 정해서 어떤 상황에서 누가 이야기하더라도 동일한 메시지를 전달할 수 있도록 한다. 브랜드 가이드라인의 마지막 부분은 **비주얼 아이덴티티로 브랜드 이미지를 표현하는 디자인 양식과 작성법을 담는다.** 통일된 기준을 자세하면서도 알아보기 쉽게 정리해야 한다. 브랜드의 심벌과 컬러, 로고의 종류, 아이콘, 활용의 예 등 기본적인 디자인 규칙을 모두 정리해서 누구든지 정확한 표현이 가능하도록 시스템을 구축한다.

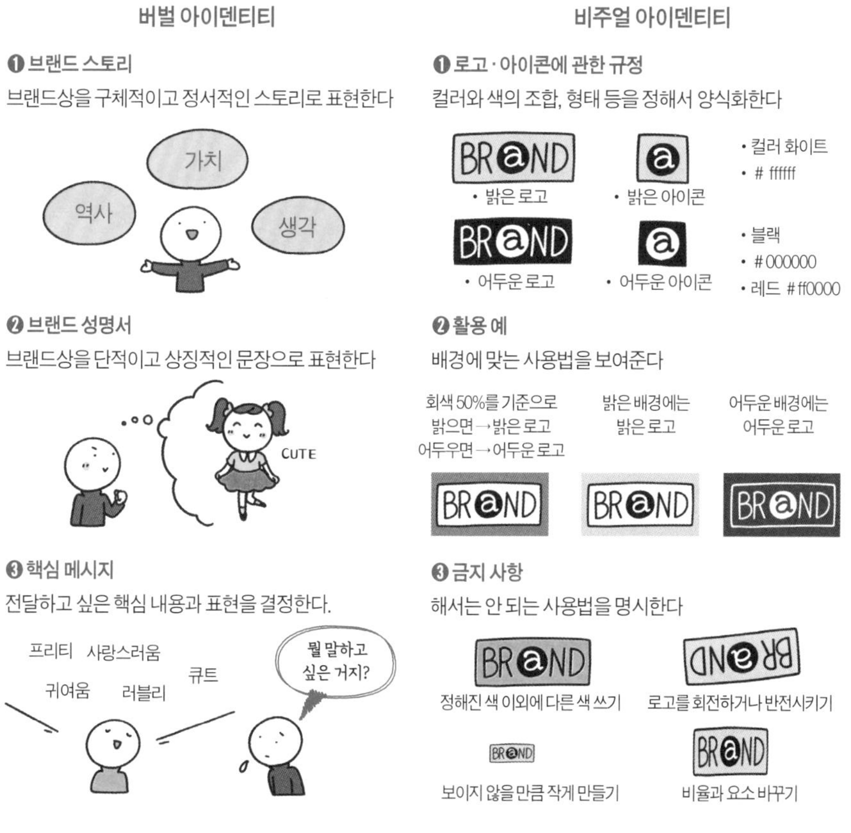

버벌 아이덴티티
❶ 브랜드 스토리
브랜드상을 구체적이고 정서적인 스토리로 표현한다
가치
역사
생각
❷ 브랜드 성명서
브랜드상을 단적이고 상징적인 문장으로 표현한다
CUTE
❸ 핵심 메시지
전달하고 싶은 핵심 내용과 표현을 결정한다.
프리티
사랑스러움
큐트
귀여움
러블리
뭘 말하고 싶은 거지?
비주얼 아이덴티티
❶ 로고·아이콘에 관한 규정
컬러와 색의 조합, 형태 등을 정해서 양식화한다
BRaND
• 밝은 로고
a
• 밝은 아이콘
• 컬러 화이트
• # ffffff
BRaND
• 어두운 로고
a
• 어두운 아이콘
• 블랙
• # 000000
• 레드 # ff0000
❷ 활용 예
배경에 맞는 사용법을 보여준다
회색 50%를 기준으로
밝으면 → 밝은 로고
어두우면 → 어두운 로고
밝은 배경에는
밝은 로고
어두운 배경에는
어두운 로고
BRaND
BRaND
BRaND
❸ 금지 사항
해서는 안 되는 사용법을 명시한다
BRaND
정해진 색 이외에 다른 색 쓰기
로고를 회전하거나 반전시키기
보이지 않을 만큼 작게 만들기
BRaND
비율과 요소 바꾸기

03 이너브랜딩에는 브랜드 북이 편리하다

모든 사람이 브랜드 가이드북을 이해할 수는 없다. 중요한 내용만 골라서 알기 쉽게 정리한 '브랜드 북'도 필요하다.

브랜드 가이드라인은 브랜드가 성장할수록 수준이 높아지고 내용이 복잡해진다. 그래서 모든 관계자가 가이드라인의 내용을 정확하게 알기란 어렵다. 이때는 특별히 중요한 내용만 따로 모아 정리한 **브랜드 북을 만들어서 보조 수단으로 활용하면 편리하다. 브랜드 북은 이미지를 많이 사용해서 내용을 직감적으로 이해**할 수 있어야 한다. 읽는 사람의 심리적 장벽이 낮아지도록 다양한 방법을 활용하자. 브랜드 북을 읽으면 브랜드 표현에 대한 이해도가 올라가고, 새로 들어온 직원도 브랜드에 대해 같은 생각을 공유할 수 있다.

브랜드 북 만들기

반드시 지켜야 할 규칙
POINT
브랜드 가이드라인
브랜드 북
두꺼워서 읽고 싶지 않아, 내용을 찾는 데도 오래 걸려
읽기 편한 데다 이해하기도 쉽네!

이너 커뮤니케이션의 도구인 브랜드 북을 만들 때는 **비주얼**과 **IT 기술을 활용**해야 한다. 간결하게 정리된 문장, 차트와 도형을 통해 브랜드의 전체상을 파악하기 쉽게 만들자. 친근감을 주기 위해 손 그림이나 사업처의 사진을 활용하기도 한다. 디자인 요소는 기본 규칙 외에 실패 사례나 우선순위 등을 한눈에 볼 수 있도록 정리해야 한다. 책자를 스마트 폰으로 볼 수 있게 하거나 동영상으로 제작하는 것도 좋은 방법이다. 읽는 사람의 이해도를 높이려면 어떻게 하면 좋을지 생각해서 다양한 방법을 강구하자. 또 온라인 학습을 통해 직원들에게 브랜드 북을 알리거나, 사내 커뮤니케이션 툴에 브랜드 북의 내용을 적용시키면 직원들을 관리하기가 훨씬 수월해진다. 이처럼 다양한 요소를 한데 모아 브랜드 북으로 정리하면 책자 자체가 하나의 본보기가 되어 **관계자들 사이에서 발생할 수 있는 생각의 차이를 없애고 고객에게 정확한 브랜드 이미지를 전달할 수 있다.**

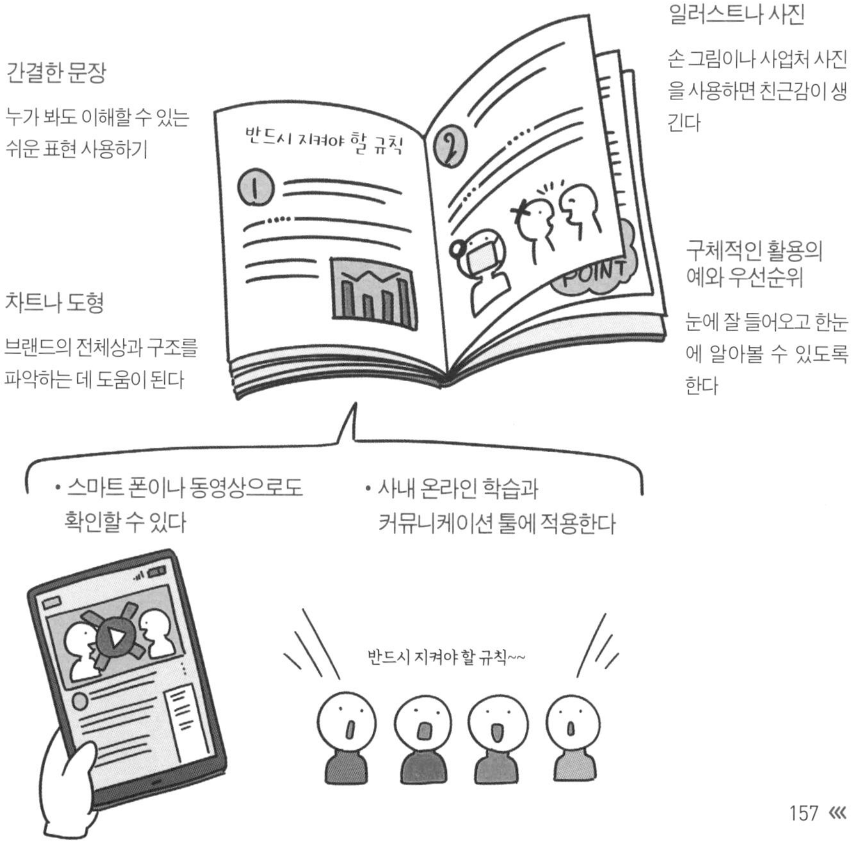

간결한 문장
누가 봐도 이해할 수 있는 쉬운 표현 사용하기
차트나 도형
브랜드의 전체상과 구조를 파악하는 데 도움이 된다
반드시 지켜야 할 규칙
POINT
일러스트나 사진
손 그림이나 사업처 사진을 사용하면 친근감이 생긴다
구체적인 활용의 예와 우선순위
눈에 잘 들어오고 한눈에 알아볼 수 있도록 한다
• 스마트 폰이나 동영상으로도 확인할 수 있다
• 사내 온라인 학습과 커뮤니케이션 툴에 적용한다
반드시 지켜야 할 규칙~~

04 직원들의 브랜드 인게이지먼트 높이기

브랜드 가치를 올리려면 사원들이 하나가 되어 브랜딩에 힘써야 한다.
이를 위해서는 사원 한 명 한 명의 교육이 중요하다.

브랜딩에서는 **이상적인 브랜드상**을 사내에 알리는 '이너브랜딩'이 중요한데, 이는 기업이 브랜드 가치를 올려서 이익을 창출하는 데 반드시 필요한 부분이다. 사내의 관계자에게 브랜드상을 심어주려면 '브랜드 인게이지먼트Brand Engagement'가 높아야 한다. '브랜드 인게이지먼트'는 인터브랜드에서 처음 제시한 개념으로, 일반적으로는 이너브랜딩에서 사내 직원에게 브랜드에 대한 애착심을 키워주는 교육을 말한다. 하지만 여기서는 한발 더 나아가 **'모든 사원이 이상적인 브랜드상을 실현하기 위해 고민하고 실천하는 자세'**를 이르고자 한다.

브랜드 인게이지먼트로 브랜드 의식 높이기

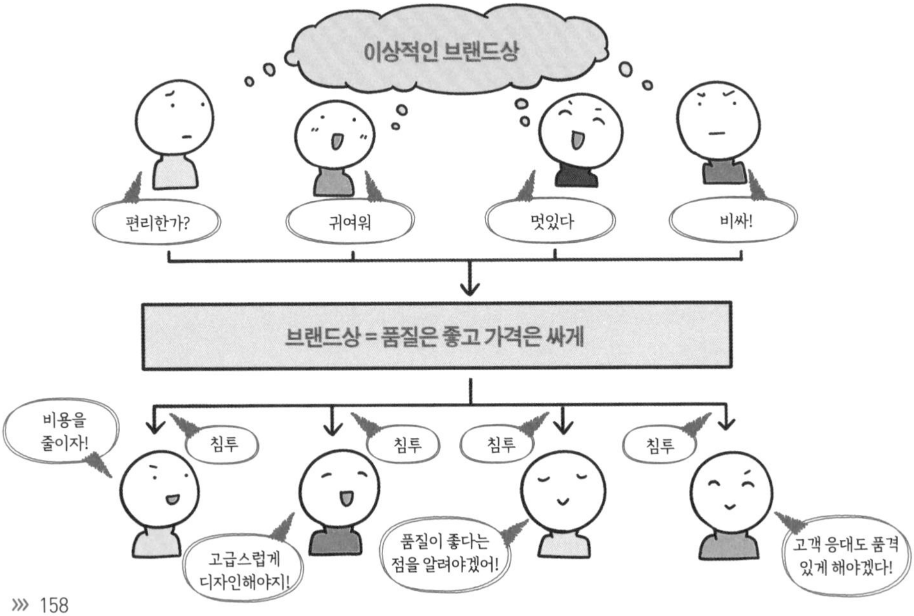

이상적인 브랜드상
편리한가?
귀여워
멋있다
비싸!
브랜드상 = 품질은 좋고 가격은 싸게
비용을 줄이자!
침투
침투
침투
침투
고급스럽게 디자인해야지!
품질이 좋다는 점을 알려야겠어!
고객 응대도 품격 있게 해야겠다!

브랜드 인게이지먼트를 높이려면 '항상 목적지를 공유하기', '필요한 정보에 언제든지 간단하게 접속할 수 있는 환경 만들기', '평가 및 급여 책정 제도를 투명하게 설계하기'라는 3가지 항목을 실천해야 한다. 그러면 '목적을 모르겠다, 정보가 부족하다, 일방적이어서 의욕이 생기지 않는다'고 말하는 **사내 직원들의 생각을 변화시켜서 브랜드에 어울리는 사고방식을 갖추고 실천하는 사원으로 육성할 수 있다.** 심리적 반감을 제거하면 사원들이 긍정적으로 브랜딩 활동에 참여해서 결과적으로 브랜드 가치가 올라간다.

☑이너브랜딩에 성공하려면

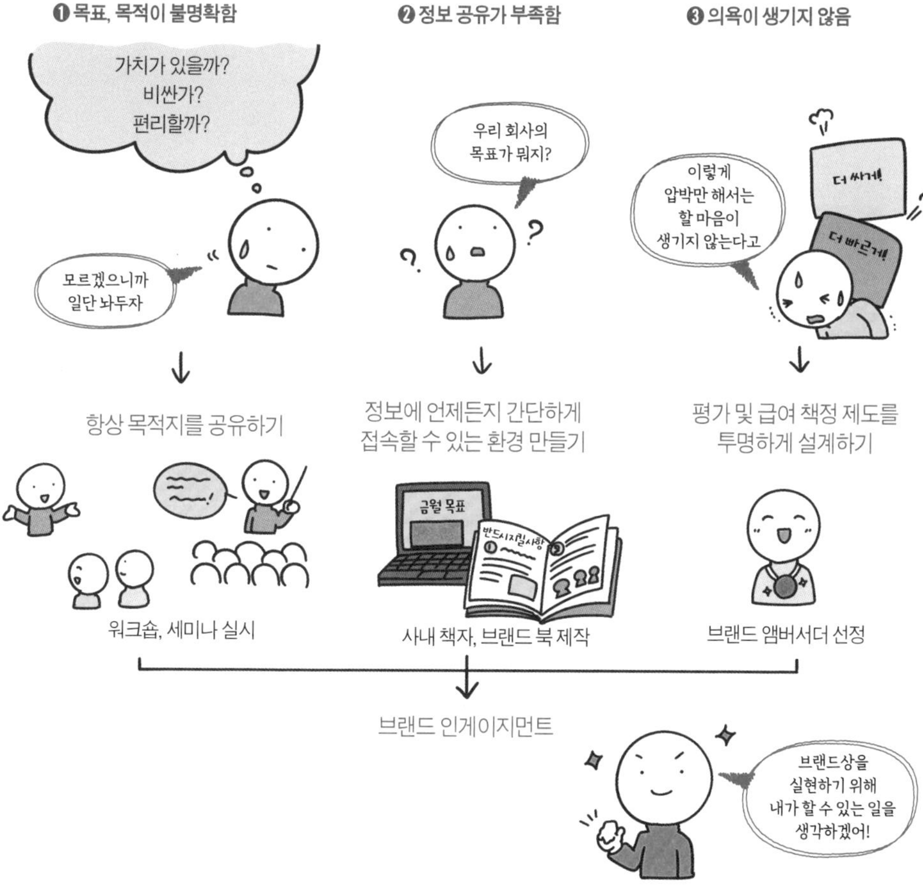

❶ 목표, 목적이 불명확함
❷ 정보 공유가 부족함
❸ 의욕이 생기지 않음
가치가 있을까? 비싼가? 편리할까?
모르겠으니까 일단 놔두자
우리 회사의 목표가 뭐지?
이렇게 압박만 해서는 할 마음이 생기지 않는다고
더 싸게!
더 빠르게!
항상 목적지를 공유하기
정보에 언제든지 간단하게 접속할 수 있는 환경 만들기
평가 및 급여 책정 제도를 투명하게 설계하기
금월 목표
반드시지킬사항
워크숍, 세미나 실시
사내 책자, 브랜드 북 제작
브랜드 앰버서더 선정
브랜드 인게이지먼트
브랜드상을 실현하기 위해 내가 할 수 있는 일을 생각하겠어!

KEY WORD ☑ 이너브랜딩, 브랜드 앰버서더, 애착

05 이너브랜딩은 어떻게 할까?

즐겁고 적극적으로 참여할 수 있는 브랜딩 교육을 통해 직원들의 애착심을 키워주면 고객에게도 브랜드다움이 전달된다.

브랜드 인게이지먼트를 높이기 위한 **이너브랜딩**은 사내 직원을 대상으로 한 브랜딩 교육을 말한다. **전 직원에게 브랜드의 비전과 가치관, 기업 이념을 심어주고 그에 따른 행동을 이끌어내는 활동이다.** 직원을 대상으로 하지만 기본 방향은 고객을 대할 때와 다름이 없다. 여기에 지금 왜 브랜딩을 하는지 경영진의 생각을 더하면 된다. 전용 교재나 자료, 워크숍과 **브랜드 앰버서더**를 활용해서 다양한 터치포인트에서 실시한다. 직원들이 즐겁게 적극적으로 참여할 수 있는 내용이 바람직하다.

이너브랜딩으로 애착심을 키운다

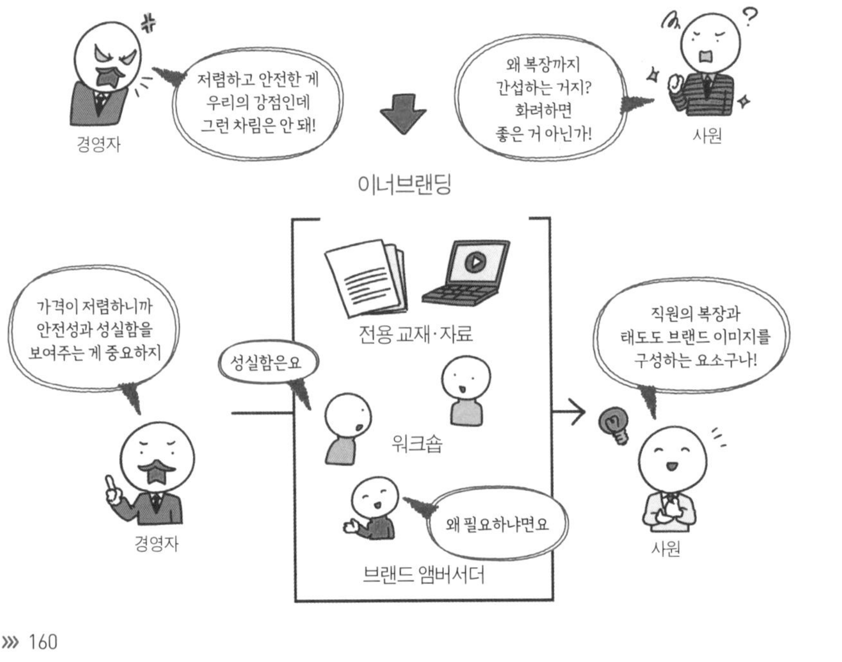

경영자
저렴하고 안전한 게 우리의 강점인데 그런 차림은 안 돼!
왜 복장까지 간섭하는 거지? 화려하면 좋은 거 아닌가!
사원
이너브랜딩
가격이 저렴하니까 안전성과 성실함을 보여주는 게 중요하지
성실함은요
전용 교재·자료
워크숍
왜 필요하냐면요
브랜드 앰버서더
경영자
직원의 복장과 태도도 브랜드 이미지를 구성하는 요소구나!
사원

이너브랜딩의 목표는 직원들에게 브랜드에 대한 **애착**을 형성시키는 것이다. 언뜻 보면 쓸데없는 시간 낭비라 여길 수도 있지만 브랜딩에서 절대 빼놓아서는 안 되는 부분이다. 왜냐하면 직원들이 브랜드에 대한 이해와 애착이 있어야 다양한 터치포인트에서 고객에게 브랜드다움을 전달할 수 있기 때문이다. 직원들을 교육할 때는 열정이 담긴 경영진의 생각을 전해야 하는데 일방적인 전달 방식보다는 마음의 변화를 유도하고, 함께 걷겠다는 자세를 보여서 공감을 이끌어내는 것이 중요하다. 사내 홈페이지나 **기업 사보와 같은 매체와 세미나 및 좌담회에서의 대화, 동영상 메시지 등을 활용해 반복적으로 꾸준히 실시하자.** 비용 대비 효과가 잘 드러나지 않는 작업이지만 직원들이 이 회사에서 일하는 것을 자랑스럽게 생각하는 것이 나중에는 커다란 자산이 된다.

☑ 이너브랜딩 = 애착심을 키우는 일

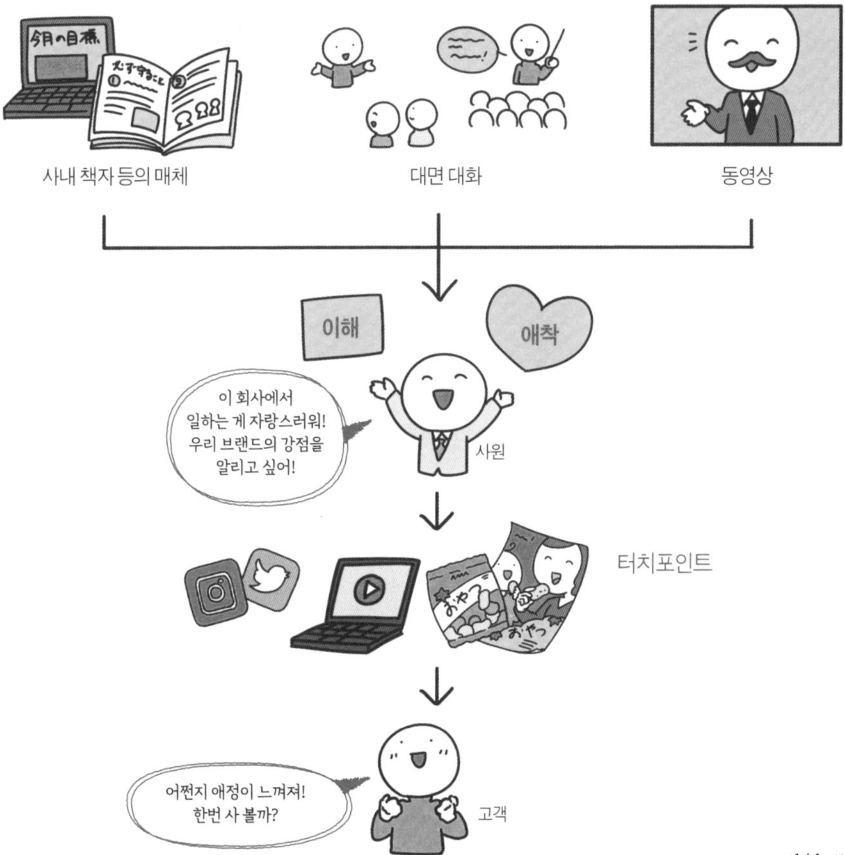
사내 책자 등의 매체
대면 대화
동영상
이해
애착
이 회사에서 일하는 게 자랑스러워! 우리 브랜드의 강점을 알리고 싶어!
사원
터치포인트
어쩐지 애정이 느껴져! 한번 사 볼까?
고객

06 임팩트만을 중시한 광고는 역효과를 불러온다

브랜드 인지도 향상을 위해 광고를 제작할 때는 대행사에 전적으로 의존해서는 안 된다. 브랜드의 주인인 자사에서 광고의 제작 방향을 철저하게 관리해야 한다.

비용을 들여 브랜딩을 해도 실패하는 사례를 보면 원인이 '광고'에 있는 경우가 많다. '광고만 잘하면 이미지가 바뀐다'든지 '팔리기 위해서는 **임팩트**가 중요하다'는 옛날식 생각으로 제작사에 전적으로 작업을 맡긴 결과, 업체마다 다른 특징을 내세우는 광고가 만들어지기 때문이다. 이러면 **개별 상품이 아무리 훌륭해도 전체 이미지가 흔들려서 소비자에게 일관된 브랜드 메시지를 전달할 수 없다.** 멋지고 임팩트 있는 광고로 일시적으로 판매량이 오른다 해도 결코 지속되지 못한다. 오히려 **통일성** 없는 브랜드라는 부정적 인식이 강해질 위험이 크다.

임팩트보다는 일관성이 있어야 한다

광고
BR@ND
이벤트
시승해보세요
SNS와 동영상
우리 차 멋지지 않나요?
차에서 노래도 불렀어요!
임팩트가 대단한데! 멋진 상품을 파는 회사구나
멋진 차에 귀여운 모델이라니 뭔가 안 맞아
무슨 회사인지 도저히 모르겠어!

또 임팩트만을 중시해서 광고마다 일관된 브랜드 메시지를 전달하지 못하면 소비자는 원래의 모습과는 다른 이미지로 브랜드를 인식해서 기업은 그야말로 큰 손해를 입는다. **이러한 문제는 광고 자체가 아니라 잘못된 방식으로 광고를 의뢰한 데서 기인한다. 업체에 전적으로 맡겨두고 브랜드다움이나 이상적인 브랜드상을 제작자에게 전달하지 않으면 그들만의 방식으로 해석한 광고가 나오기 때문**이다. 광고는 아웃브랜딩의 중요한 수단으로서 여전히 매우 효과적인 활동 중 하나다. 광고 의뢰와 제작 방식을 올바르게 이해하고 시행할 필요가 있다.

07 크리에이티브 브리프로 제작물 관리하기

브랜드 커뮤니케이션에서 중요한 크리에이티브를 제작할 때는 전달하고 싶은 내용을 정확하게 공유하는 크리에이티브 브리프를 작성하자.

브랜드 전략을 실행할 때는 다양한 커뮤니케이션 채널을 통해 전달되는 표현의 통일성이 중요하다. 특히 고객이 직접 대하는 광고나 홍보물을 각별히 주의해야 한다. 광고나 홍보물은 크리에이티브 분야다 보니 외부 디자이너에게 제작을 의뢰하는 경우가 많아 일관된 브랜드 표현을 유지하기 어렵기 때문이다. 따라서 의뢰할 때 **다른 터치포인트에서 사용되는 제작물과 같은 표현 및 세계관을 유지할 수 있도록 신경 써야 한다.** 크리에이터는 의뢰받은 제작물이 가장 효과적으로 전달되는 데 집중하다 보니

브랜드 커뮤니케이션 매니지먼트

비주얼이나 언어 면에서 독창성을 최우선시하는 경향이 있다. 이 과정에서 브랜드의 일관성이 무너지는 것이다. 이러한 상황을 피하려면 제작물을 의뢰할 때 **브랜드 커뮤니케이션 매니지먼트**를 시행해야 한다.

브랜드 커뮤니케이션 매니지먼트란 로고와 브랜드 컬러의 사용 기준을 제시하는 것뿐 아니라, 제작물의 최종 목적과 담고 싶은 브랜드 가치 등을 정확하고 구체적으로 전달하는 것을 말한다. 주로 **크리에이티브 브리프**라고 하는 브랜드에 관한 상세한 설명과 각종 규정을 정리한 문서가 사용된다. 브랜드상에서부터 브랜드 퍼스널리티, 디자인에 관한 세부 규정까지 자세하게 설명하고, 제작물을 통해 소비자에게 전달하고 싶은 바는 무엇인지 명확한 목적도 공유한다. **크리에이티브 브리프가 있으면 새로운 제작물을 다른 디자이너에게 의뢰할 때 편리하며, 미팅에서 잘못 전달된 내용을 바로잡아서 통일성 있는 브랜드 표현이 가능하다.**

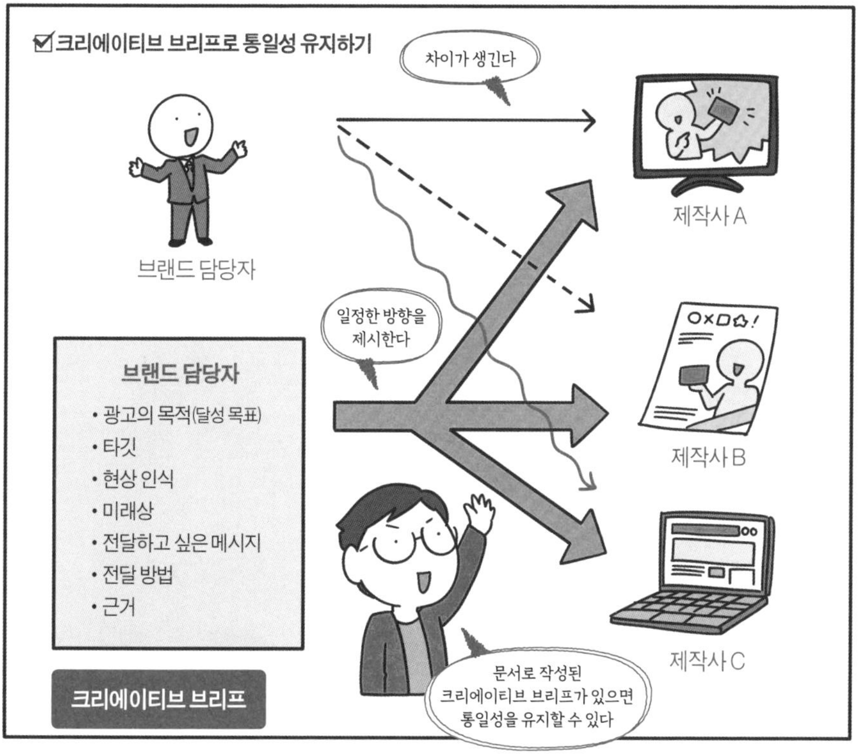

08 광고 없이 인지도 올리는 법

비용을 들이지 않고 상품을 홍보하려면 미디어에서 기사를 많이 내보내게끔 하면 된다. 이때는 기사로 쓰고 싶다는 생각이 들도록 보도자료를 작성하는 것이 중요하다.

사내에 브랜드상을 알리는 것이 이너브랜딩이라면, 고객을 포함한 외부에 브랜드를 알리는 것이 **아웃브랜딩**이다. **아웃브랜딩에서는 TV, 신문, 인터넷에서의 광고와 전시회, 팝업 스토어와 같은 이벤트나 판촉 캠페인 등 다양한 터치포인트를 활용한다.** 다만 디지털 시대로 들어선 후로는 이와 같은 터치포인트에서의 아웃브랜딩을 무조건 광고로 치부하거나, 자기들한테 이익이 되는 말만 한다는 부정적 인식이 증가했다. 그래서 신문이나 인터넷에서 기사로 다루어지는 것이 오히려 더 큰 홍보 효과를 낳기도 한다.

관심을 불러 모으는 보도자료

보도자료
보도 기관에 제공하는
정보·고지·발표 등

기사를 내보내려면 가장 기본적으로 **보도자료**를 활용하는 방법이 있다. 보도자료를 작성할 때는 상대방의 이목을 끌 요소를 넣어야 한다. 예쁘고 눈길이 가는 사진이나 그림과 같은 비주얼 소재를 활용하거나, 상품 샘플을 첨부하는 방법도 있다. 무엇보다 상대방의 입장에서 생각하여 소구할 내용을 결정하는 것이 중요하다. 기자를 상대로 한다면 기사로 다루기 쉬운 내용이나 익숙하지 않은 새로운 정보를 제공해야 한다. 또 사회문제와 연관된 내용을 담아도 좋다. 요즘에는 지속 가능한 개발SDGs에 관심이 높은 만큼 자사 제품이 환경에 공헌하는 점을 알리면 기사로 쓰일 확률이 높아진다. **'보도자료'를 고리타분한 방식이라고 여기기보다는 어떻게 하면 아웃브랜딩의 한 수단으로서 활용할 수 있을지 고민해보자.**

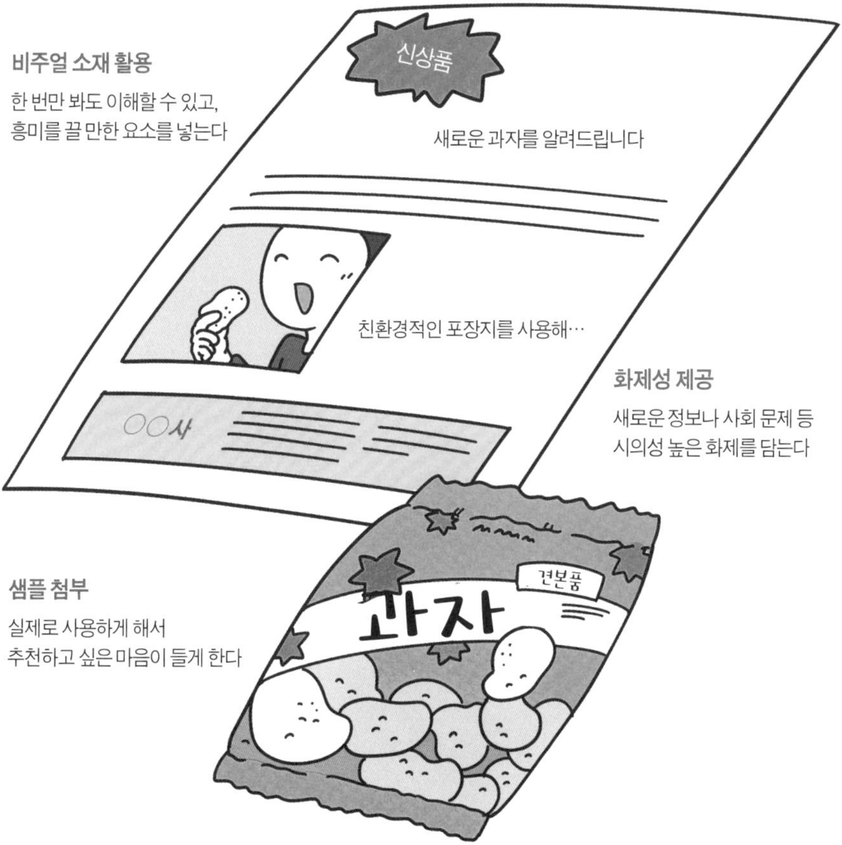

비주얼 소재 활용
한 번만 봐도 이해할 수 있고,
흥미를 끌 만한 요소를 넣는다
신상품
새로운 과자를 알려드립니다
친환경적인 포장지를 사용해…
○○사
화제성 제공
새로운 정보나 사회 문제 등
시의성 높은 화제를 담는다
견본품
과자
샘플 첨부
실제로 사용하게 해서
추천하고 싶은 마음이 들게 한다

09 웹 미디어로 인지도 올리는 법

누구나 인터넷과 SNS로 콘텐츠를 올릴 수 있는 세상에서는 브랜드다움을 위해 세세한 부분까지 신경 쓴 온드 미디어와 쉐어드 미디어를 활용해 적극적으로 메시지를 전달해야 한다.

요즘 아웃브랜딩에서는 인터넷을 빼놓을 수 없다. 인터넷을 통해 입소문이 퍼지거나 미디어에 알려지고 기사화되는 일이 많기 때문이다. 따라서 소비자가 언제 어디서든 검색을 통해 정보를 접할 수 있도록 기본 토대를 마련해 두어야 한다. 우선 자사 홈페이지와 같은 '온드 미디어owend media'와 SNS 등의 '쉐어드 미디어shared media'를 준비해야 한다. 홈페이지를 만들 때는 제일 먼저 브랜드명으로 도메인을 취득하고, **URL과 파비콘***

웹 미디어 활용하기

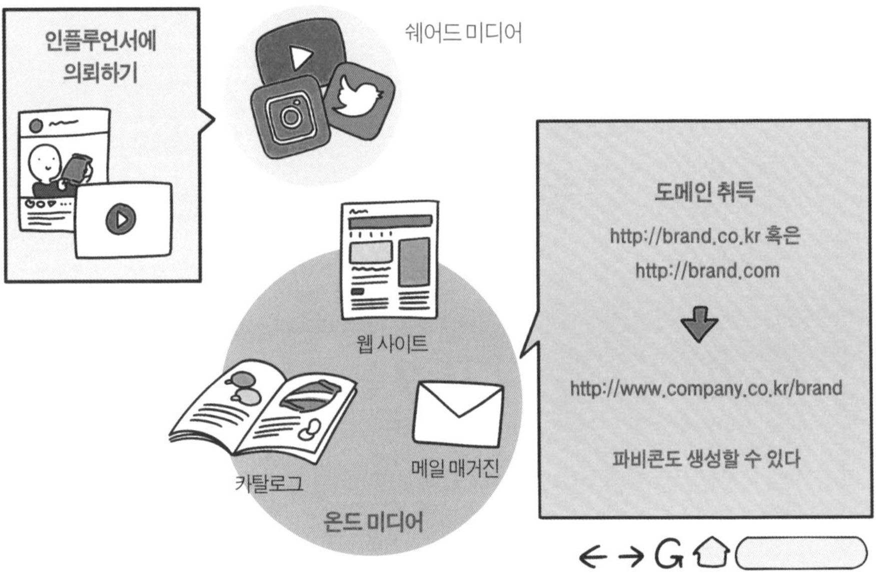

을 설정하자. 여기에도 브랜드다움이 묻어나기 때문에 세세한 곳까지 신경 써야 한다. 쉐어드 미디어는 SNS 채널만 개설하면 준비는 끝난다.

기본 토대가 만들어지면 유튜버나 인스타그래머 등 영향력이 큰 **인플루언서**에게 자사 브랜드에 관한 내용을 올려달라고 의뢰해야 한다. 특징 있는 신상품처럼 개발 목표가 확실한 경우에는 크라우드 펀딩을 이용할 수도 있다. **크라우드 펀딩**이란 인터넷을 통해 사업 내용을 발표하고 후원자에게 자금을 지원받는 방법인데, 사업 자금을 조달할 수 있을 뿐 아니라 브랜드를 응원해주는 '팬'을 만들 수도 있다. **후원자는 자금을 지원하면서 그 브랜드에 대한 주인 의식을 갖게 되고, 더 많은 후원자를 모으기 위해 주변에 적극적으로 알리기도 한다.** 한편, 웹 미디어를 활용하면 사이트에 관련 정보가 남기 때문에 불특정 다수에게 브랜드를 노출시킬 수도 있다.

* **파비콘**; 웹 사이트 주소 옆이나 브라우저 탭에 나타나는 작은 로고. 영어로 '즐겨 찾는 아이콘(favorites icon)'의 줄임말이다.

☑주인 의식을 갖게 하는 '크라우드 펀딩'

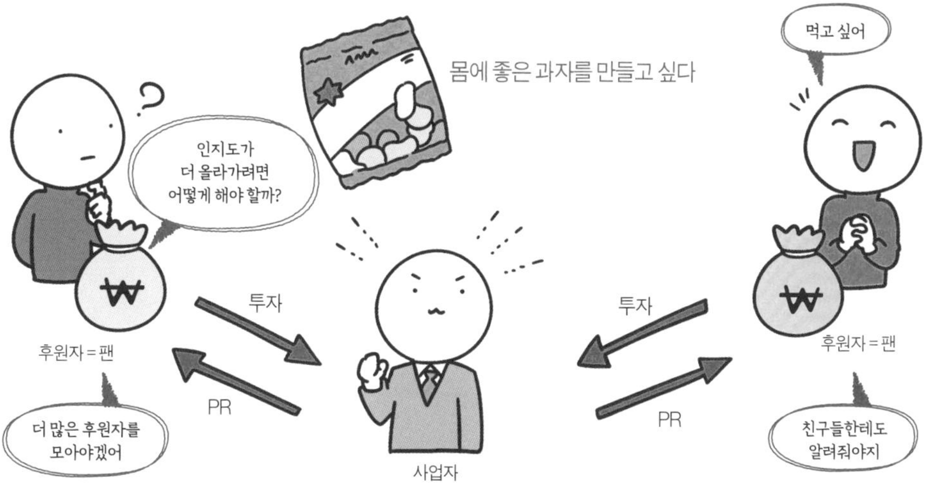
몸에 좋은 과자를 만들고 싶다
인지도가 더 올라가려면 어떻게 해야 할까?
먹고 싶어
투자
투자
PR
PR
후원자 = 팬
후원자 = 팬
사업자
더 많은 후원자를 모아야겠어
친구들한테도 알려줘야지

상품을 출시하기 전에 홍보할 수 있으며,
인기가 오르면 미디어에서 취재가 들어와 인지도가 더 올라간다

10 공동 가치 창출의 시대에 브랜딩이 가야 할 길

기업이 소비자에게 일방적으로 소구하던 시대는 갔다. 이제는 소비자가 주위 사람에게 직접 상품을 추천하는 새로운 커뮤니케이션이 필요하다.

브랜딩은 '상품가치'가 중요하던 시대에서, '체험'이 중요한 시대를 거쳐, **공동 가치 창출**이 중요해진 시대에 들어섰다고 한다. 다시 말해, **지금은 '기업과 고객이 함께 브랜드를 만드는 시대'**다. 이는 SNS의 보급으로 기업만이 아니라 소비자도 자신의 미디어를 갖게 되었고, 이로 인해 **정보의 양이 기하급수적으로 늘어나면서 소비자의 구매 패턴이 크게 달라진 데 따른 것**이다. 경제학자 필립 코틀러에 의하면 소비자의 구매 행동 과정은 기존의 **AIDMA**에서 '5A'로 변화했다고 한다. 그는 소비자의 새로운 구매 경로를 스마트폰 시대에 맞는 **5A 이론**으로 재정의했다.

AIDMA의 시대에서 5A 이론의 시대로

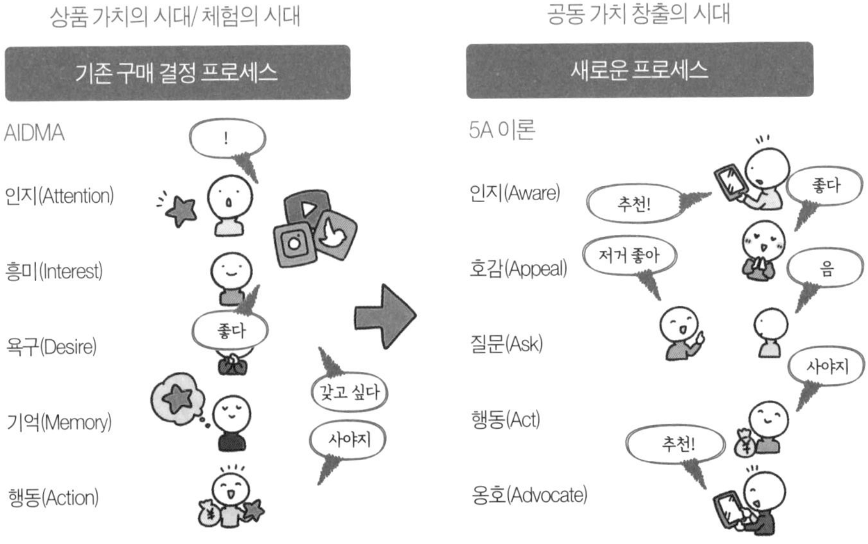

AIDMA에서는 '구입'이 최종 목표였다면, SNS가 보급된 후 변화한 **5A 이론에서는 다른 사람에게 '추천'하는 것이 최종 목표가 되었다.** 기업 측의 '알아주세요, 사주세요'라는 일방적인 소구가 성립되던 시대는 지나고, 이제는 '소비자가 자발적으로 옹호하고 싶어지는 커뮤니케이션을 어떻게 만들 것인가'가 중요한 공동 가치 창출의 시대가 온 것이다. **5A 이론의 '옹호'에는 다른 사람에게 '추천'하는 것뿐 아니라, 나는 이런 상품을 쓰는 사람이라는 자기표현적 편익도 있다.** 개성 강한 상품의 포장지를 일부러 심플한 디자인으로 변경하는 경우가 있는데, 이는 소비자의 자기표현적 편익을 존중하기 위한 선택이다. 심플하고 수수한 디자인으로 소비자의 생활공간 속에 들어갔을 때 다른 것과 조화를 이루도록 한 것이다.

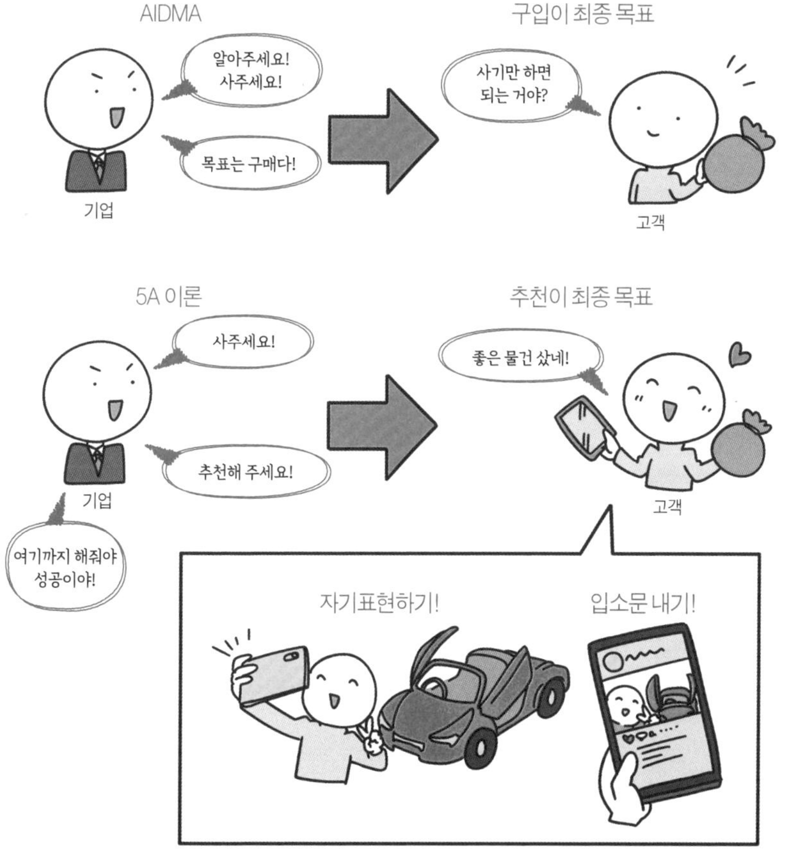
AIDMA
구입이 최종 목표
알아주세요!
사주세요!
목표는 구매다!
기업
사기만 하면
되는 거야?
고객
5A 이론
추천이 최종 목표
사주세요!
추천해 주세요!
기업
여기까지 해줘야
성공이야!
좋은 물건 샀네!
고객
자기표현하기!
입소문 내기!

한눈에 보는

브랜딩 용어

KEY WORD

>>> p.167

SDGs

'Sustainable Development Goals'의 약자로, '지속 가능한 개발 목표'를 뜻한다. 2015년 UN 총회에서 193개국의 동의하에 채택되었다. 빈곤과 성차별 해소 등 2030년까지 달성해야 할 17개의 목표가 포함된다.

KEY WORD

>>> p.160, 182

브랜드 앰버서더

브랜드의 얼굴이 되는 인물로 '브랜드 홍보 대사'라고도 부른다. 기업 안에서 부서를 넘나들며 브랜드의 비전과 가치관을 전달하는 사내의 인플루언서다. 이너브랜딩에서 매우 중요한 존재로 브랜드 앰버서더가 브랜드 이념을 이해하고 행동해야 사내에 브랜드상이 뿌리내릴 수 있다.

KEY WORD

>>> p.153

서체

광고나 홍보물 등 인쇄 매체에 사용되는 글씨체를 일관된 기준으로 디자인한 문자 모양. 명조체, 고딕체, 로만체, 이탤릭체 등이 있다. 컴퓨터 소프트웨어 등에서도 같은 의미로 서체(폰트)라는 말을 쓴다.

KEY WORD

>>> p.168, 177

온드 미디어

자사에서 보유한 미디어 전체를 가리킨다. 예전에는 기업에서 발행한 팸플릿 등을 가리켰으나, 소셜 미디어가 등장한 이후에는 주로 기업이 운영하는 웹 사이트와 블로그 등을 가리키는 말로 쓰인다. 기업의 경영 전략과 고객 확보를 위한 중요한 수단 중 하나가 되었다.

KEY WORD

>>> p.164~165

크리에이티브 브리프

광고 캠페인 전략을 요약한 광고의 설계도. 타깃과 콘셉트, 핵심 아이디어, 기대효과 등의 항목을 정리한다. 광고를 통해 전달하고 싶은 바가 무엇인지 명확한 목표를 공유하기 위한 메시지 등이 담겨 있다.

CHAPTER 6

브랜딩 효과 측정하기

브랜딩 활동 후에는 효과를 정확하게 파악하고 개선점을 찾아서 다음 전략에 반영해야 한다. 6장에서는 인터브랜드에서 개발하여 세계적으로 활용되고 있는 효과 측정에 필요한 10가지 항목에 대해 소개한다.

B

01 브랜딩의 완성은 효과 측정

브랜딩 활동의 결과를 효과적으로 측정하려면 브랜드 가치 평가를 위한 방법과 시스템을 알아야 한다.

브랜드 가치를 향상시키려면 브랜딩 활동의 효과 측정을 토대로 피드백을 받아 다음 전략에 반영해야 한다. 활동 결과를 통해 이상과 현실의 차이를 파악하고, 그 차이를 좁히기 위해 피드백하는 과정을 꾸준히 반복하는 것이다. 하지만 실제로는 효과 측정을 도중에 그만두거나, 한쪽으로 치우쳐진 결과를 받거나, 조사 대상이 너무 넓어서 실태를 파악하지 못하는 경우가 많다. 이는 브랜딩 효과를 수치로 환산하기가 어렵기 때문이다. 효과 측정은 비용 대비 효과가 눈에 띄지 않기 때문에 경영진뿐 아니라 현장에서도 필요성을 느끼지 못할 때가 많다.

효과 측정과 피드백하는 방법

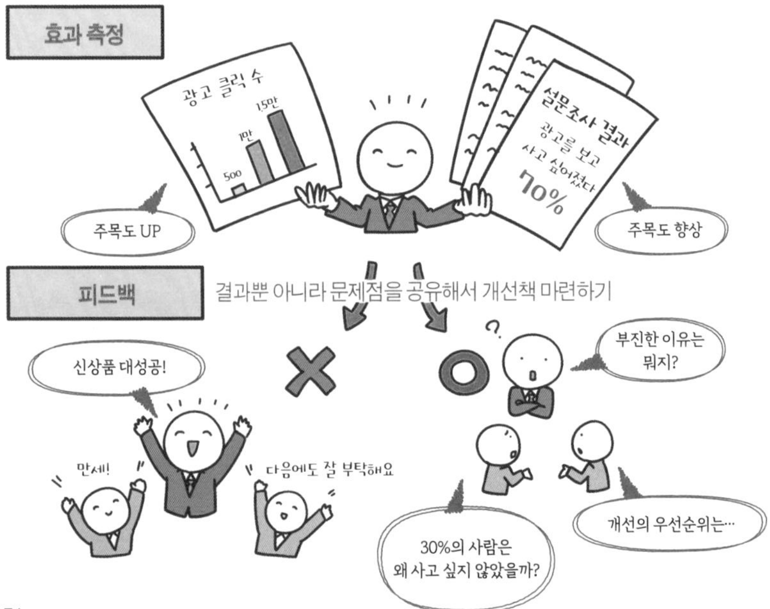
효과 측정
광고 클릭 수
1.5만
1만
500
설문조사 결과
광고를 보고 사고 싶어졌다
70%
주목도 UP
주목도 향상
피드백
결과뿐 아니라 문제점을 공유해서 개선책 마련하기
신상품 대성공!
만세!
다음에도 잘 부탁해요
부진한 이유는 뭐지?
개선의 우선순위는…
30%의 사람은 왜 사고 싶지 않았을까?

그래서 우선은 전체적인 가치 평가 시스템을 구축해야 한다. 시스템이 구축되면 **브랜딩 활동에서 일어난 현상을 분석하여 현재의 브랜드 가치와 사업 가치뿐 아니라 장래에 어떤 효과가 나타날지도 확인할 수 있다. 또 측정 결과에 관한 피드백을 내릴 때도 누구든지 정확하게 판단할 수 있도록 단순하면서도 포괄적인 정보를 공유할 수 있는 체계를 만들어 놓아야 한다.** 효과 측정 방법에는 수치로 나타낼 수 있는 정량조사와 고객 및 직원 인터뷰 등을 통한 **정성조사**Qualitative Research, SNS와 온드 미디어의 **트래킹** 조사 등이 있는데 모두 비용이 들어간다.

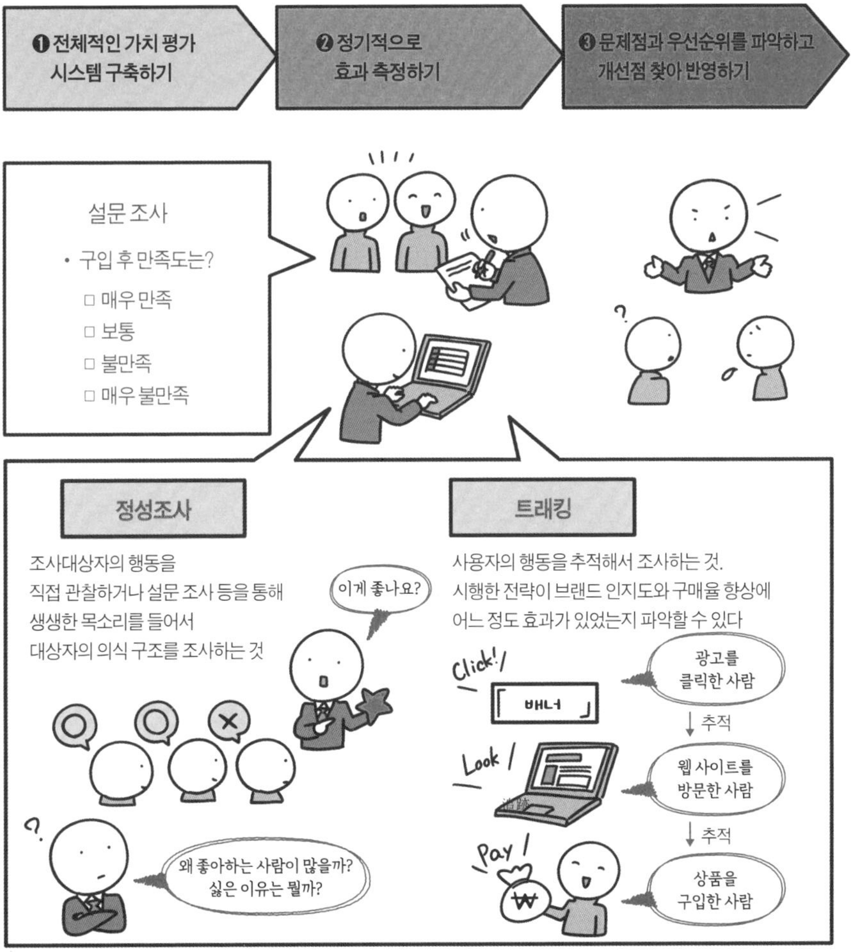
❶ 전체적인 가치 평가 시스템 구축하기
❷ 정기적으로 효과 측정하기
❸ 문제점과 우선순위를 파악하고 개선점 찾아 반영하기
설문 조사
• 구입 후 만족도는?
□ 매우 만족
□ 보통
□ 불만족
□ 매우 불만족
정성조사
조사대상자의 행동을 직접 관찰하거나 설문 조사 등을 통해 생생한 목소리를 들어서 대상자의 의식 구조를 조사하는 것
이게 좋나요?
왜 좋아하는 사람이 많을까? 싫은 이유는 뭘까?
트래킹
사용자의 행동을 추적해서 조사하는 것. 시행한 전략이 브랜드 인지도와 구매율 향상에 어느 정도 효과가 있었는지 파악할 수 있다
Click!
배너
광고를 클릭한 사람
추적
Look
웹 사이트를 방문한 사람
추적
Pay
₩
상품을 구입한 사람

02 이상과 현실의 차이를 파악하여 대응하기

트렌드가 자주 바뀌는 현대사회에서는 브랜드가 추구하는 이상과 현실 사이에 차이가 생길 수밖에 없다. 따라서 브랜드의 본질을 제외한 나머지 부분은 시대에 발맞춰 변화해야 한다.

브랜드 전략을 실행할 때는 **브랜드의 이상과 현실의 차이를 항상 확인해야 한다.** 예를 들어 자사가 추구하는 '브랜드다움'이 '쾌적하고 편안한 공간'인데, 고객 설문 조사에서 이에 관한 만족도가 높지 않다는 사실을 알았다면 이것이 바로 이상과 현실의 차이인 것이다. 그 외에 다른 장점으로 어느 정도의 매출을 올리고 있다 해도 브랜드가 추구하는 이상과 현실 사이에 차이가 존재한다면 이는 반드시 해결해야 할 중요한 문제다. 이상적인 브랜드상을 실현하기 위해 **모자란 부분을 채워 넣으려면 원인과 문제점을 파악하여 이를 해결하기 위한 방법을 찾아야 한다.**

시대는 시시각각 변화하고 스마트폰이 출현한 지 10년 만에 세상은 놀라울 만큼 달

이상과 현실의 차이를 좁히려면

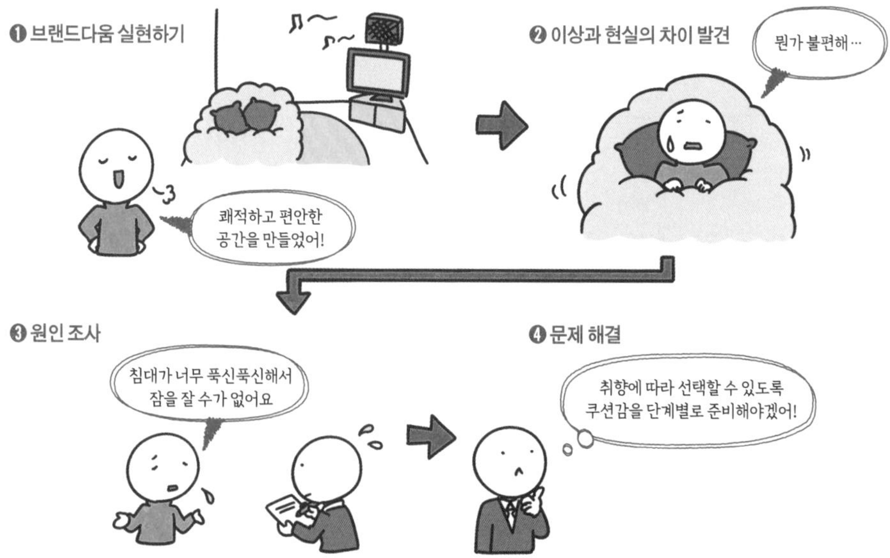
❶ 브랜드다움 실현하기
쾌적하고 편안한 공간을 만들었어!
❷ 이상과 현실의 차이 발견
뭔가 불편해…
❸ 원인 조사
침대가 너무 푹신푹신해서 잠을 잘 수가 없어요
❹ 문제 해결
취향에 따라 선택할 수 있도록 쿠션감을 단계별로 준비해야겠어!

라졌다. **트렌드**가 바뀌면서 디자인에도 새로운 경향이 나타나고 예전에 만들었던 로고 디자인이 촌스럽게 느껴지기도 한다. 또 **SNS 서비스**가 새롭게 등장하면서 그에 맞는 대응 방법을 생각해야만 한다. 변화하는 고객의 욕구에 한시라도 빨리 대응하려면 **브랜드의 본질을 제외한 나머지는 시대의 흐름에 따라 변화해야 한다.** 어느 정도 이상적인 브랜드상에 가까워졌다고 생각해도 주변 환경이 바뀌면 또 새로운 문제가 발생하기 마련이다. 시대를 초월해 보편적이고 장기적으로 사랑받는 브랜드가 되기 위해서는 새롭게 생겨나는 고객의 욕구를 파악하여 지속적으로 브랜드 전략을 세우고 실천해야 한다.

☑고객의 욕구 변화

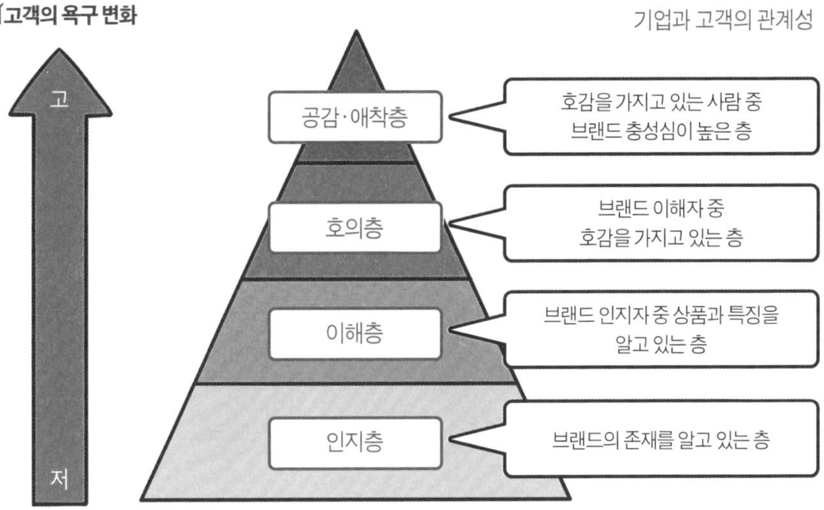
기업과 고객의 관계성
고
저
공감·애착층
호감을 가지고 있는 사람 중 브랜드 충성심이 높은 층
호의층
브랜드 이해자 중 호감을 가지고 있는 층
이해층
브랜드 인지자 중 상품과 특징을 알고 있는 층
인지층
브랜드의 존재를 알고 있는 층

☑환경 변화에 맞춰 새롭게 대응하기

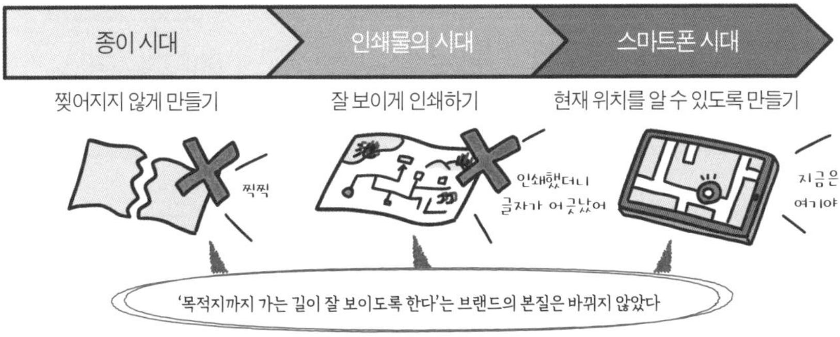
종이 시대
인쇄물의 시대
스마트폰 시대
찢어지지 않게 만들기
잘 보이게 인쇄하기
현재 위치를 알 수 있도록 만들기
찌찌
인쇄했더니 글자가 어긋났어
지금은 여기야
'목적지까지 가는 길이 잘 보이도록 한다'는 브랜드의 본질은 바뀌지 않았다

03 명확성 - 사내에 브랜드상을 알리는 것이 기본

브랜드 가치를 평가하려면 어떤 항목을 확인해야 할까. 지금부터는 인터브랜드에서 활용하는 10가지 지표를 바탕으로 브랜드 가치 평가를 위해 점검해야 할 항목을 알아보겠다.

브랜드 가치를 평가하기 위한 첫 번째 지표는 **명확성으로 브랜드 개념이 사내에 잘 뿌리내렸는지 확인하는 항목이다.** 사내에 브랜드상이 얼마큼 명확하게 이해되고 공유되고 있는지 보여주는 개념으로, **브랜드 매니지먼트를 시행할 때 가장 먼저 할 일**이기도 하다. 왜냐하면 지금까지 해온 브랜드 활동의 결과로 소비자들은 브랜드에 대한 나름의 이미지와 개념을 가지고 있더라도, 사내에서는 브랜드상에 대해 명확하게 인지하지 못한 경우가 있기 때문이다. 사내에서 브랜드 이해도가 낮으면 개별적인 광고나 프로모션에서 잘못된 메시지가 전달되고 이로 인해 브랜드 이미지가 악화될 수 있다.

전 세계적으로 활용되는 인터브랜드의 10가지 지표

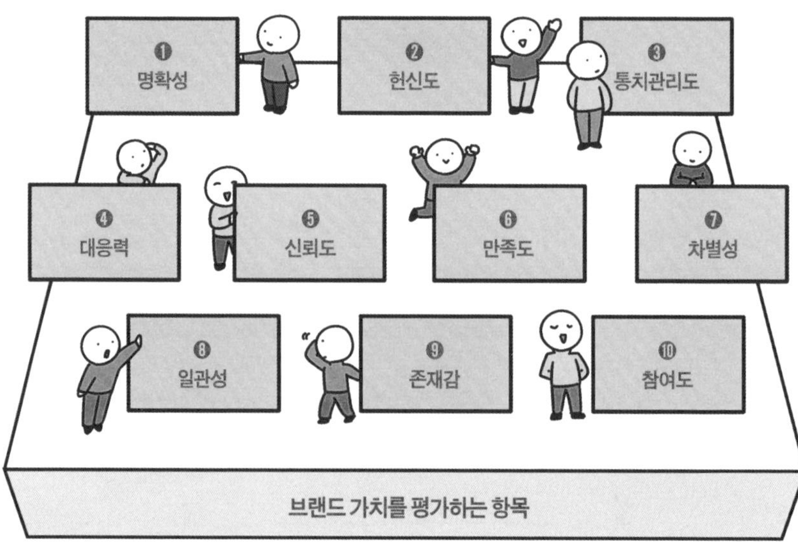

'명확성'이 높다는 것은 **경영진을 포함한 모든 직원이 브랜드의 역사와 이상적인 브랜드상에 관해 말할 수 있고, 업무에 브랜드상을 어떻게 반영할지 이해하고 있음을 뜻한다.** 대표적인 기업으로는 우리가 잘 알고 있는 '애플'과 '이케아'를 들 수 있다. **창업자가 제시한 세계관이 단순하고 명확할수록 직원들의 브랜드 이해도는 높아진다.** 가령 '멋진 디자인과 기능성을 겸비한 홈 퍼니싱 제품을 골고루 구비해서 많은 사람이 구입할 수 있도록 가능한 저렴한 가격으로 제공하기'라는 이케아의 경영 이념은 매우 명확한데, 그 경영 이념이 각각의 점포 및 직원에게까지 전달되기 어려운 **프랜차이즈** 시스템을 도입하고 있음에도, 전 세계에 있는 매장의 판매원까지 브랜드를 깊이 이해하고 있을 정도다.

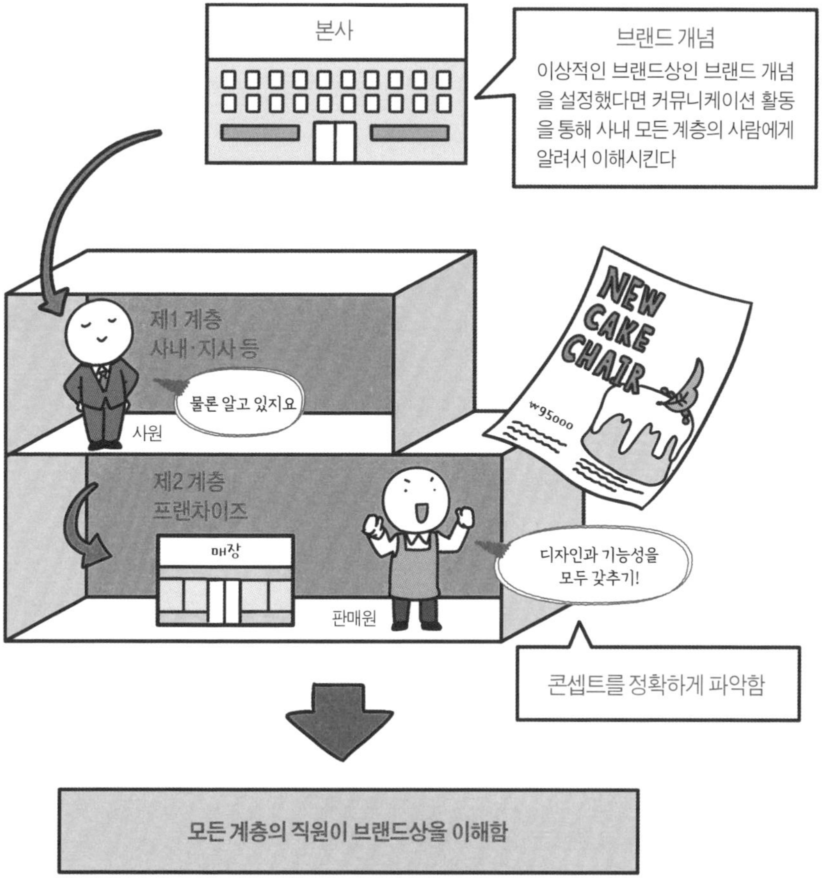

본사
브랜드 개념
이상적인 브랜드상인 브랜드 개념을 설정했다면 커뮤니케이션 활동을 통해 사내 모든 계층의 사람에게 알려서 이해시킨다
제1 계층
사내·지사 등
물론 알고 있지요
사원
NEW CAKE CHAIR
₩95000
제2 계층
프랜차이즈
매장
디자인과 기능성을 모두 갖추기!
판매원
콘셉트를 정확하게 파악함
모든 계층의 직원이 브랜드상을 이해함

04 헌신도 – 직원들의 헌신이 있어야 브랜드 파워가 올라간다

관계자나 직원이 브랜드에 헌신해야 브랜드 파워가 유지된다. 직원들이 적극적으로 브랜드 활동에 참여하게 만드는 것도 브랜드 파워를 올리는 수단 중 하나다.

직원들이 지속적이고 적극적으로 브랜드 활동에 참여하지 않으면 브랜드 파워가 커도 오래 가지 않는다. 브랜드 가치 평가의 두 번째 항목인 **헌신도**가 중요한 이유가 여기에 있다. **브랜드 파워가 유지되려면 경영진을 포함한 전 직원이 브랜딩이 사업의 핵심 전략임을 이해하고, 조직의 모든 의사 결정, 행동, 활동에 브랜드상을 반영하며, 브랜드에 대한 애착과 자부심을 가져야 한다.** 특히 경영진의 강도 높은 참여가 중요한데 사업 전략과 브랜드 전략을 통일시키고, 스스로 브랜드 앰버서더를 자처해서 사내외에 다양한 메시지를 전달하는 자세가 필요하다.

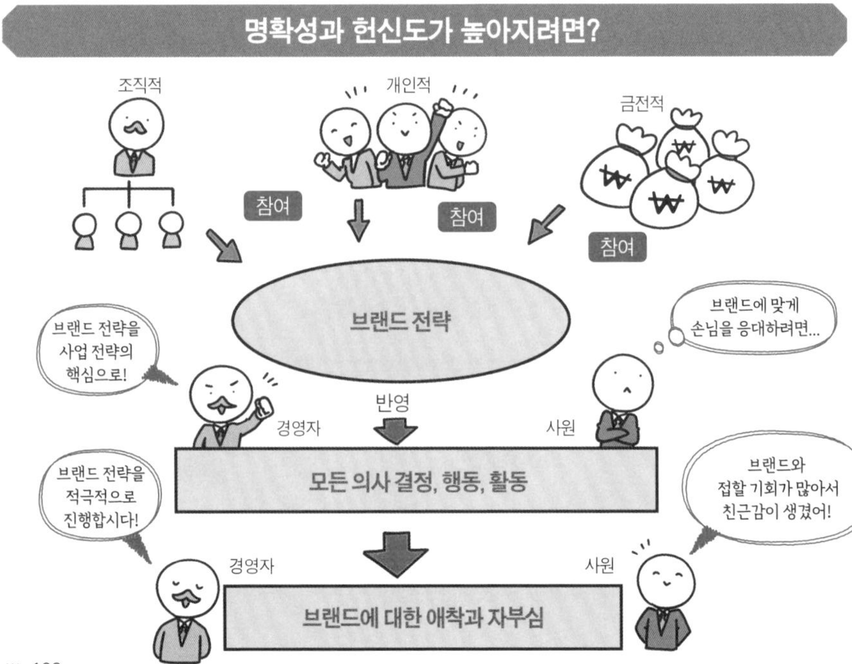
명확성과 헌신도가 높아지려면?
조직적
개인적
금전적
참여
참여
참여
브랜드 전략
브랜드 전략을 사업 전략의 핵심으로!
브랜드에 맞게 손님을 응대하려면...
반영
경영자
사원
모든 의사 결정, 행동, 활동
브랜드 전략을 적극적으로 진행합시다!
브랜드와 접할 기회가 많아서 친근감이 생겼어!
경영자
사원
브랜드에 대한 애착과 자부심

'헌신도'는 경영진을 인터뷰하거나 직원을 대상으로 한 설문조사를 통해 파악할 수 있다. **헌신도를 평가할 때는 경영진의 브랜드 전략 참여도, 모든 부서의 의사 결정에 브랜드가 미치는 영향력, 브랜드 체험을 제공하는 실행력 등 전 직원이 얼마나 브랜드에 깊이 관여하고 있는지,** 또 단순한 이해만이 아니라 실제 행동과 그때의 감정까지 주목한다. 헌신도가 높은 기업으로는 코카콜라가 대표적이다. 코카콜라는 브랜드의 일관성을 유지하고 진화시키기 위해 거액의 자금을 꾸준히 투자한다고 알려져 있다. 직원들의 헌신도를 높여서 브랜드 가치를 향상시키려면 철저한 이너브랜딩이 중요하다는 사실을 코카콜라의 예를 통해 알 수 있다.

☑ **사업 전략과 브랜드 전략**

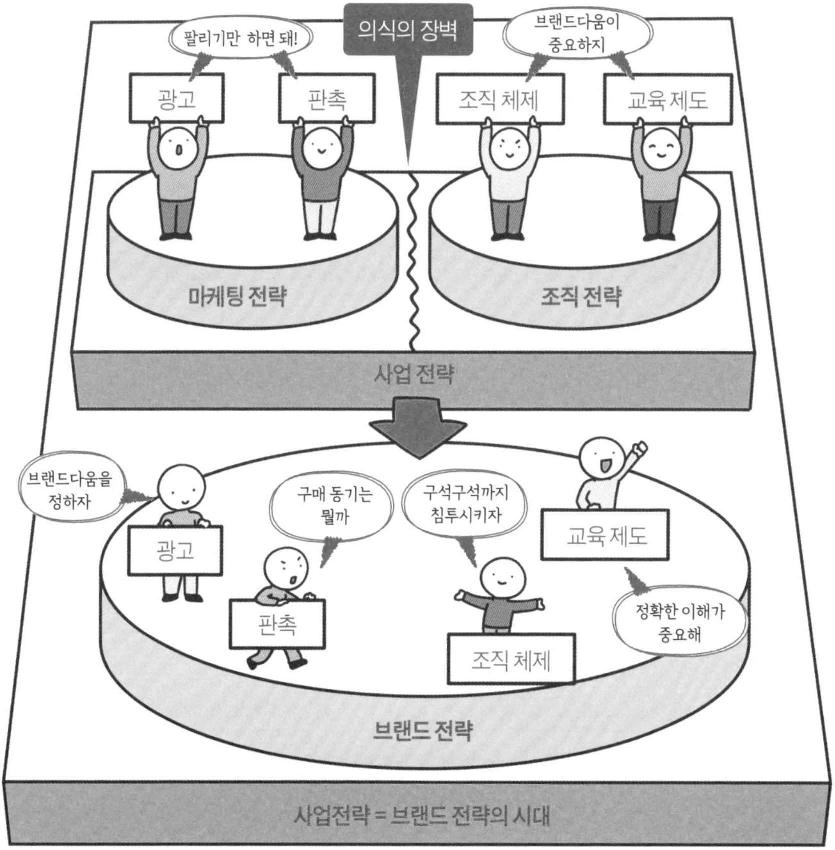

05 통치관리도 - 브랜드를 보호하는 관리 체계

브랜드의 세계관은 소비자의 구매 의욕에 큰 영향을 미친다. 상품과 서비스는 물론이고 샘플을 전시하는 쇼룸까지도 일관된 브랜드다움을 체험할 수 있도록 관리해야 한다.

세 번째 항목은 **통치관리도**다. 이는 브랜드를 보호·관리하기 위한 역할과 책임이 분명히 나눠져 있는지, 브랜드 전략을 효과적이고 효율적으로 실행하는 데 필요한 조직과 시스템이 갖춰져 있는지를 보는 것이다. '통치관리도'가 높으려면 브랜드를 관리하기 위한 전략과 조직의 역할을 계획하고, 가이드라인 및 매니지먼트를 위한 시스템과 운용 수단을 확립해야 한다. 또 상표를 보호하기 위한 체계가 잡혀야 하며, 고객에게 전달되는 이미지가 일관성을 갖추도록 관리해야 한다. 다시 말해, **효율적이고 일관된 브랜드 체험을 제공할 수 있도록 브랜드 관리 체계가 잘 작동해야 한다.**

브랜드 관리 체계의 필요성

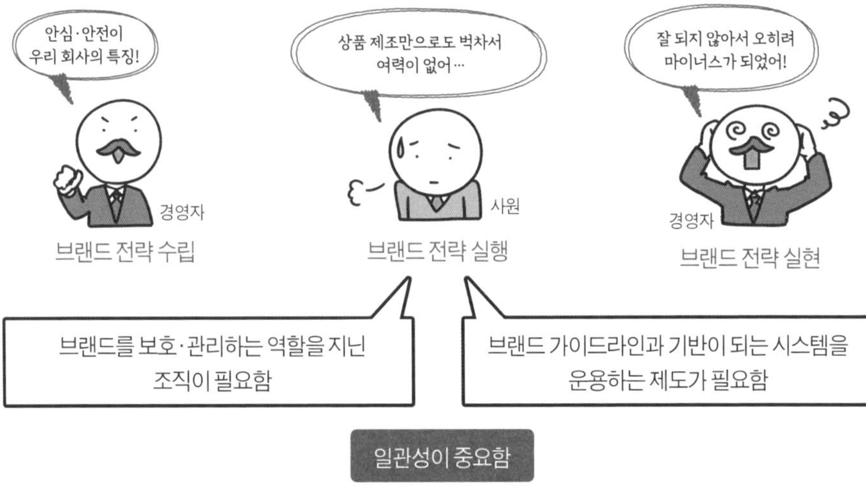
안심·안전이 우리 회사의 특징!
경영자
브랜드 전략 수립
상품 제조만으로도 벅차서 여력이 없어…
사원
브랜드 전략 실행
잘 되지 않아서 오히려 마이너스가 되었어!
경영자
브랜드 전략 실현
브랜드를 보호·관리하는 역할을 지닌 조직이 필요함
브랜드 가이드라인과 기반이 되는 시스템을 운용하는 제도가 필요함
일관성이 중요함

구체적으로는 CMO와 브랜드 책임자가 보여주는 비전과 과제가 명확한지, 본사의 브랜드팀과 각 사업부의 역할과 책임이 명확하게 규정되어 있는지, 조직 안에 브랜드 전략을 실행하기 위한 방법과 절차, 기술적 기반, 운용 수단이 있는지, 브랜드를 지키기 위한 법적인 준비가 돼 있고 이에 관한 모니터링과 제재의 강도는 높은지 등이 중요한 요소다. 브랜딩 활동에서 가장 중심적인 부분이라고 볼 수 있다. '통치관리도'가 높은 기업은 세계적인 자동차 브랜드 BMW를 들 수 있다. BMW는 **상품부터 매장까지 모든 터치포인트에서의 시각적, 언어적 관리 규칙을 상세하게 규정하고 있으며,** 자동차뿐 아니라 쇼룸 안에 설치된 카페까지도 브랜드다움을 체험할 수 있도록 철저하게 관리하고 있다.

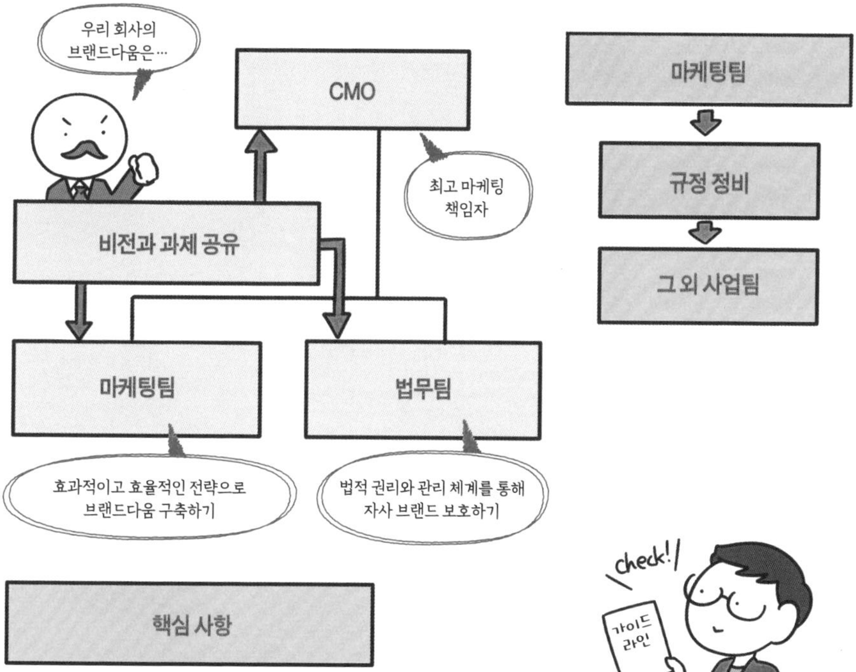

① 마케팅 책임자와 실행 부서의 비전과 과제는 명확한가?
② 브랜드팀과 각 사업부의 역할과 책임은 포괄적이고 명료한가?
③ 조직 안에 브랜드 전략을 위한 방법과 기반, 운용 수단이 있는가?
④ 브랜드를 지키기 위한 법적 준비와 감시의 수준은 어느 정도인가?

06 대응력 - 변화를 미리 내다볼 줄 알기

기존 가치관에 집착하다 시대에 뒤떨어지는 브랜드가 되지 않으려면 변화를 내다보고 신속하게 대응하는 사업전략을 모색해야 한다.

네 번째 항목은 대응력으로, 시장 환경과 비즈니스상의 도전과 변화를 예측하고 시의적절하게 대응해서 브랜드·조직·전략의 지속적인 발전을 도모하는 능력을 말한다. 브랜드 매니지먼트는 장기적인 관점으로 접근해야 하지만 이것이 변화에 둔감해도 된다는 뜻은 아니다. 오히려 전통에 집착하다 시대에 뒤떨어지면 브랜드 이미지를 실추시킬 우려가 있다. 브랜딩에는 끊임없이 진화하는 자세와 능력이 필요하다. 항상 시장, 고객, 경쟁사의 동향을 파악하고, 변화가 필요한 부분을 미리 내다보는 눈이 있어야 한다.

시장의 변화에 대응할 수 있는가?

인터넷을 발명했지만 전문 분야에 한정돼서 이대로는 힘들겠어
경쟁사는 컴퓨터를 개발해서 인터넷을 보급하려 하는군!
기업의 활동을 인터넷으로 하면 어떨까? 상품을 팔거나 관리할 때도 인터넷을 활용하는 거야
시장 환경 예측
고객과 경쟁사의 동향 파악
브랜드 진화
인터넷으로 기업 활동이 가능해지는 e-비즈니스 환경이 만들어졌네!

대응력의 구체적인 평가 대상으로는 **조직 문화와 시장에서의 실적, 시장에 강력한 변화를 불러오는 조직 이노베이션, 과제나 기회에 신속하게 대응하는 능력인 조직의 기동성, 시장의 트렌드와 고객의 욕구 변화를 예측하는 능력, 브랜드 체험을 개선하기 위한 직원, 고객, 협력자 간의 의사소통 수준** 등이 있다. '대응력'이 높은 브랜드를 대표하는 IBM은 1990년대부터 현재까지 컨설팅 사업을 통합하고 컴퓨터 사업을 매각하는 등 시장의 변화에 맞춰 적극적으로 새로운 사업 전략을 모색했다. 동시에 브랜드 매니지먼트 부분에서도 1997년에 발표한 새로운 비전 'e-비즈니스'에서 2008년에 전개한 '스마터 플래닛Smarter Planet'까지 시대를 선도하는 콘셉트를 지속적으로 창안해 시장을 이끌어가는 선진적인 브랜드라는 위치에 올랐다.

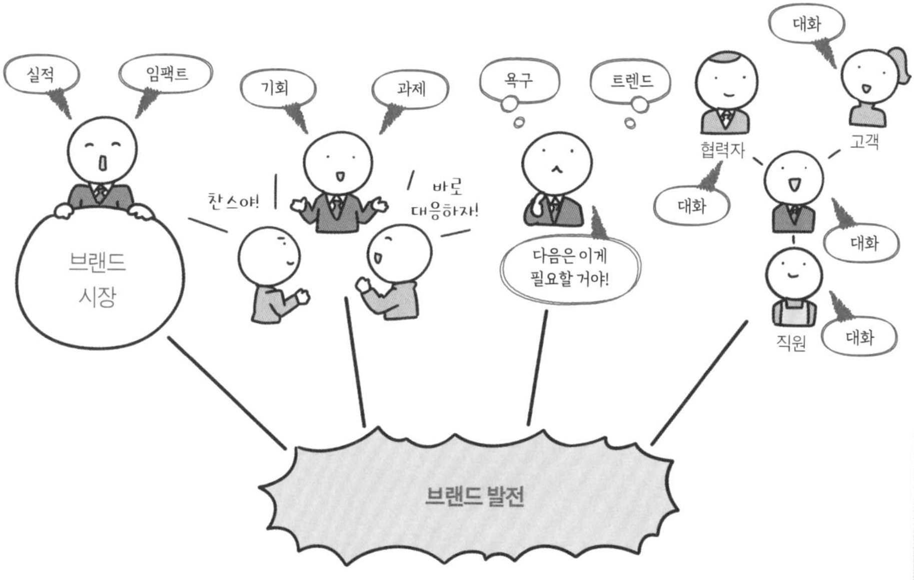

핵심 사항

① 브랜드에 대한 조직의 기술적인 혁신이 있는가?
② 브랜드의 변화에 신속하게 대응할 수 있는 조직의 기동성이 있는가?
③ 브랜드의 수요를 파악하고 변화를 예측하는 능력이 있는가?
④ 브랜드 개선을 위해 모든 관계자와 의사소통이 잘 이루어지는가?

KEY WORD ≫ ☑신뢰도, 팬, 역사, 전통

07 신뢰도 - 고객에게 믿음을 주는 브랜드

고객에게 믿음을 주는 브랜드로 평가받으려면 오랜 역사와 전통뿐 아니라 신뢰성과 확실성이 있어야 한다. 신뢰도가 떨어지면 일류 브랜드로 자리매김할 수 없다.

다섯 번째 항목인 **신뢰도는 브랜드의 팬이 아닌 사람에게도 '저 브랜드는 기업 이념을 실현하기 위한 내실이 튼튼하다'는 믿음을 주고 있는지 평가하는 것**이다. 구체적으로는 관리체계 및 조직문화, 조직의 능력이 잘 갖추어졌는지를 본다. 아무리 훌륭한 브랜드상을 갖고 있어도 실현하지 못한다면 의미가 없다. 또한 실현할 능력이 있어도 고객이 협력해주지 않으면 성공은 불가능하다. '지금까지 고객의 기대에 얼마큼 부응해왔는가, **역사**가 짧다면 고객을 대하는 데 진정성이 있고, 고객에게 브랜드의 실현 가능성을 믿게끔 잘 설명했는가'에 따라 신뢰도는 크게 달라진다.

우리 브랜드의 신뢰도는 어느 정도일까?

싸고 튼튼하면서도 기능적으며 멋진 상품을, 고객 응대는 친절하고 예의 바르면서 신속하게 하는 것이 목표!
브랜드
기업
전에 산 상품은 바로 부서진 데다 반품도 오래 걸려서 불안한 걸…
브랜드
고객
우리 수준에 맞지 않는 브랜드상을 실현하려고 직원들을 무리하게 밀어붙였더니 문제가 생겼네… 고객의 신뢰를 잃었어…
브ㄹ
ㅐㄴ
기업

여기서는 **'고객에게 얼마나 신뢰와 믿음을 주는가, 이상적인 브랜드상과 실제 브랜드 체험이 어느 정도 일치하는가, 브랜드의 품질과 유래, 기반을 역사와 전통이 얼마나 뒷받침해주는가'에 주목해야 한다.** 신뢰도에 관한 정보를 수집하려면 사외를 대상으로 한 설문조사와 브랜드 역사에 대한 감사監査가 필요하다. 신뢰도가 높은 기업으로는 도요타가 대표적이다. 긴 역사를 통해 품질이 높다는 점을 증명하면서 고객들에게 크게 신뢰받는 일본 제일의 자동차 브랜드다. 2009년에는 대규모 리콜 사태로 브랜드 신뢰도가 일시적으로 크게 추락했지만 이후 도요타 차량의 결함은 아님이 밝혀지면서 지난날 키워왔던 소비자의 신뢰를 다시 회복할 수 있었다. 일류 브랜드에도 신뢰도가 얼마나 중요한지 깨닫게 하는 사건이었다.

고객의 안전과 직결되는 만큼 빈틈없이 안전한 상품을 제공하겠습니다!
기업
사고도 고장도 적고 안심이야!
고객
사건을 진지하게 받아들이고 신속하게 원인을 규명해서 개선책 마련에 최선을 다하겠습니다!
기업
차에 결함이 있다니 믿을 수 없어!
고객
원인이 밝혀지면서 고객들에게 다시 신뢰받고 있다!
기업
신중한 대응에 호감이 생겼어! 다시 한번 믿어 보자!
고객

핵심 사항

역사
Check!

① 고객에게 신뢰받고 있는가?
② 이상적인 브랜드상과 실제 브랜드 체험은 어느 정도 일치하는가?
③ 브랜드의 품질과 유래, 기반을 역사와 전통이 얼마나 뒷받침해주는가?

KEY WORD ☑ 만족도, 기능적 편익, 정서적 편익, 기능적 욕구, 정서적 욕구

08 만족도 - 고객의 욕구를 채워주는 브랜드

기능적 욕구뿐 아니라 정서적 욕구까지 만족시켜야 일류 브랜드가 될 수 있다. 정서적 욕구를 채우려면 상황에 따라 다른 브랜드 체험을 제공하는 것이 중요하다.

고객의 욕구를 만족시키는 것은 브랜드의 커다란 과제다. 여섯 번째 항목인 **만족도는 기능적 편익과 정서적 편익 두 측면에서 기존 고객뿐 아니라 잠재적인 고객의 욕구까지 충족**하는가에 달려 있다. 여기서 편익이란 고객이 상품이나 서비스를 통해 얻는 이익을 의미하는데, 편리성, 품질, 가격과 같은 **기능적 욕구**뿐 아니라 즐거움, 기쁨, 편안함 등의 **정서적 욕구**도 함께 충족돼야 한다. 기능적 욕구와 정서적 욕구를 두루 만족시키고, 일부 고객층이 아닌 폭넓고 다양한 사람의 마음을 사로잡아야 일류 브랜드가 될 수 있다.

두 가지 측면에서 고객의 만족도를 조사한다

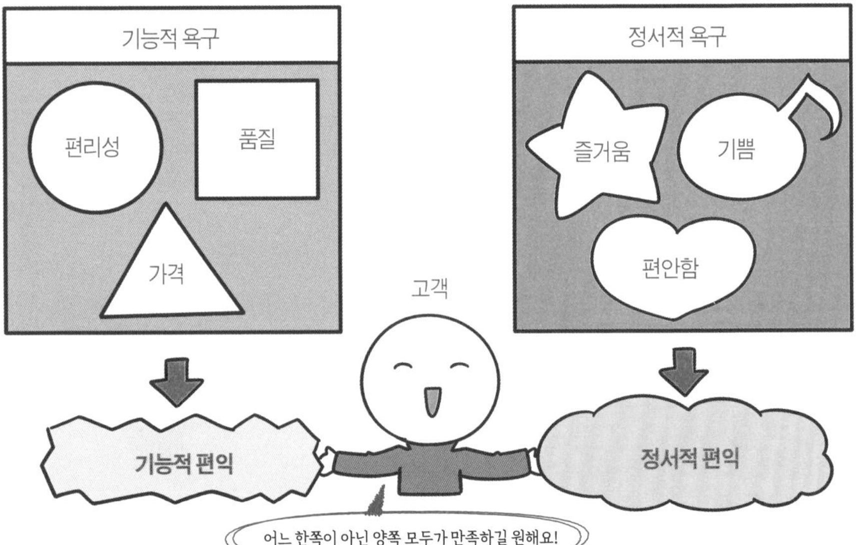

'만족도'가 높으려면 기존 고객과 잠재적 고객의 기능적·정서적 편익 두 가지 측면에서 의사 결정에 필요한 기준과 욕구가 충족돼야 한다. 또한 **대상자와 상황에 따라 다른 브랜드 체험을 제공할 필요가 있다. 이를 통해 자사의 브랜드가 얼마나 큰 가치와 의미가 있는지 느끼게 하는 것**이 중요하다. 만족도가 높은 기업의 전형적인 예로는 '코카콜라'와 '나이키'가 있다. 둘 다 미국적 발상으로 만들어진 브랜드지만 문화와 종교의 벽을 초월해 전 세계인들에게 사랑받고 있다. 특히 나이키의 만족도가 높은 이유는 단순한 스포츠 용품의 기능뿐 아니라 세계적인 브랜드라는 신뢰감과 멋있게 보이고 싶은 정서적 욕구까지 충족시켰기 때문이다.

전문적
대중적
전체적으로 경량화해서 빨리 달릴 수 있어요!
디자인도 멋지지만 오래 걸어도 지치지 않아요!
발이 가벼워
용수철 같은 추진력인데
멋지다!
허리랑 다리가 편안해!
기업
전문적인 기술력과 대중적인 디자인으로 만족도 높은 브랜드로 성장

Check!!

핵심 사항

① 기존 고객과 잠재적 고객의 기능적·정서적 편익 두 가지 측면에서 의사 결정에 필요한 기준과 욕구가 충족되고 있는가?

② 대상자와 상황에 따라 다른 브랜드 체험을 제공하고 있는가?

③ 고객이 브랜드에 얼마나 큰 의미와 가치를 느끼는가?

09 차별성 - 고객이 느껴야 의미가 있다

브랜딩에서 중요한 차별성은 소비자가 인지해야 의미가 있다. 이를 위해서는 차별화 됐다고 인식할 수 있는 브랜드 체험을 제공하는 것이 중요하다.

브랜드 가치를 평가하는 일곱 번째 항목인 **차별적 요소**는 브랜딩에서 매우 중요한 요소다. 구체적으로는 '경쟁사와 비교해서 **특유의 가치**와 브랜드 체험을 제공하고 있는가, 이러한 차별적 요소가 기존 혹은 잠재적 고객에게 인지되고 있는가'를 살펴봐야 한다. 차별화는 사업 전략에서 설정한 포지셔닝에서 시작되지만, 어디까지나 소비자의 머릿속에 하나의 이미지로 정착돼야 의미가 있다. 말하자면 **여러 브랜드 중에서 오직 그 브랜드가 소비자에게 특별하다**고 인식돼야 강한 경쟁력을 가질 수 있다.

고객이 브랜드다움을 어느 정도 인지하고 있는가?

차별화를 인지함
=
경쟁사
경쟁사
브랜드
브랜드
브랜드 하면…
기업이 생각하는
'브랜드다움'이 잘 전달돼서
고객이 이 점을 특별하게
여긴다면 성공!
기업
고객

차별화는 경쟁사와 비교해서 특별한 이미지나 체험을 제공하고 있음을 소비자가 어느 정도 인지하고 있느냐에 달려 있다. 즉, **차별화된 이미지와 체험을 받아들이는 쪽이 '차별화됐다'고 인식하는 것이 중요하다. 따라서 공급자가 아닌 수요자의 입장에서 차별화의 실상을 파악**해야 한다. '차별성'은 고객 인터뷰나 설문 조사, 자사와 경쟁사의 크리에이티브 비교 등을 통해 파악할 수 있다. 또한 자사의 크리에이티브 표현이 브랜드를 얼마나 돋보이게 하는지를 보는 것도 하나의 방법이다. 남다른 '차별성'으로 인정받는 브랜드에는 '페라리'와 '애플'이 있다. 두 브랜드는 사업 전략의 하나인 브랜드 포지셔닝과 브랜드상, 그리고 이를 소비자에게 전달하는 크리에이티브 표현 등이 차별화돼 있음을 많은 사람이 인식하고 있다.

그 전이랑 비슷해서 다 똑같아 보여
고객
사용하기 쉽다는 점을 장점으로 내세운 건데…
기업
심플하면서도 이해하기 쉬운 디자인이네! 한눈에 알아보겠어!
고객
심플한 디자인을 추구했더니 사용하기 쉬운 상품이라는 걸 직감적으로 이해하는구나!
기업

Watch!
경쟁사
브랜드

핵심 사항

① 얼마나 많은 소비자가 자사의 브랜드가 경쟁사와 비교해서 특별한 이미지를 가지고 있다고 느끼는가?
② 얼마나 많은 소비자가 자사의 브랜드가 경쟁사와 비교해서 특별한 브랜드 체험을 제공하고 있다고 느끼는가?
③ 크리에이티브 표현이 얼마나 브랜드를 돋보이게 하는가?

KEY WORD ≫ ☑일관성, 전달 방식, 모니터링, 브랜드 세계관

10 일관성 - 브랜드 스토리를 지키기 위해 필요하다

일관된 이미지로 브랜드 가치를 제공해야 고객은 브랜드의 세계관에 동화될 수 있다. 이를 위해서는 질 높은 브랜드 체험과 교류가 중요하다.

여덟 번째 항목은 **일관성**이다. 이는 '고객이 브랜드와 만나는 모든 곳에서 일관된 브랜드상과 브랜드 스토리를 느끼는가'를 말한다. 각 **터치포인트에서 적절하고 창의적인 전달 방식으로 브랜드를 표현할 때, 고객에게 일관된 브랜드 가치를 제공**하고 있는지 측정하는 것이다. 과거에는 브랜드 로고와 디자인이 규정에 맞는지 확인하는 것이 중심이었다면, 현재는 브랜드 체험의 일관성을 **모니터링**하는 것이 더 중요해졌다. 브랜드 체험에 일관성이 없으면 브랜드 이미지가 올바르게 전달될 수 없기 때문이다.

브랜드 스토리의 일관성 지키기

질 높은 체험과 교류를 일관적으로 제공하려면 고객이 각기 다른 채널과 터치포인트에서 아무런 괴리감 없이 브랜드 체험을 할 수 있어야 한다. 항상 고객의 관점에서 **각 채널의 시각적, 언어적 표현이 브랜드 콘셉트를 잘 반영하고 있는지, 전달 방식에 차이는 없는지 확인**해야 한다. '일관성'이 뛰어난 브랜드로는 '창조에 대한 열정'이 핵심 테마인 '루이비통'이 있다. 루이비통은 상품부터 매장, 광고물 등의 크리에이티브 표현까지 전통적이면서도 현대적인 방법으로 일관된 이미지와 브랜드 가치를 제공하고 있다. 고객은 이와 같은 정보에 반복적으로 노출되면서 루이비통의 **브랜드 세계관**에 동화되는 것이다.

시각적 표현
브랜드다운 일관된 디자인과
비주얼이 중요하다
독단적이진 않은지
고객의 관점에서 판단해요!
Passion
언어적 표현
브랜드의 콘셉트를 반영한
메인 카피를 사용한다

check!

핵심 사항

① 모든 터치포인트와 채널에서 제공한 브랜드 체험이 흔들림 없고 일관적인가?
② 모든 터치포인트와 채널에서 질 높은 체험과 교류를 일관적으로 제공하는가?

11 존재감 – 미디어를 보면 브랜드의 존재감을 알 수 있다

브랜드의 존재감은 설문 조사뿐 아니라 SNS와 같은 미디어를 통해서도 알 수 있다. 고객의 솔직한 의견에 신속하게 대응하려면 미디어를 조사해서 브랜드의 존재감을 파악해야 한다.

아홉 번째 항목은 **존재감**이다. 브랜드의 존재감은 **'SNS를 포함한 모든 매체와 커뮤니케이션 채널에서 호의적으로 다루는지, 고객 혹은 오피니언 리더에게 특별한 존재로 인정받는지'**를 확인하면 알 수 있다. 존재감을 키우려면 인지도부터 올려야 한다. 알고 있지 않다면 선택받을 수 있는 후보에도 오르지 못하기 때문이다. 현재 진행형의 브랜드로서 인지되고, 다뤄지며, 화제를 낳고 있는지가 존재감을 가늠하는 핵심 요소다. 신제품 발표회나 새로운 계약에 **관심이 집중되고 사람들 사이에서 화제가 되고 있다면 그 브랜드의 존재감은 높다고 평가**할 수 있다.

브랜드의 존재감 파악하기

BRaND를 아시나요?
'지금' 알려져 있고 미디어를 통해 계속 주목받아야 함
인지하지 못함
과거의 기억임
모르겠는데요
옛날에 유행했던 것 같은데. 지금도 있나요?
뉴스에서 봤어요
BRAND
신제품 발표
SNS에서도 화제예요

존재감을 파악하기 위해서는 브랜드가 속한 업계에서뿐 아니라 그 외 분야에서도 우리의 존재를 알고 있는지, 안다면 어떻게 인식하고 있는지를 조사해야 한다. 또 관계자들 사이에서 자사 브랜드가 어떻게 언급되고 있는지도 알아야 한다. 이때 중요한 것은 페이드 미디어를 제외한 **주요 채널, 터치포인트, 장소 등에서** 브랜드가 어떻게 다뤄지고 있느냐는 부분이다. 구체적으로는 소비자나 고객을 대상으로 한 설문조사를 통해 **비보조 상기율**과 인지도를 알아보는 방법, 인터넷 기사의 클릭 수나 SNS의 각종 분석 툴을 사용하여 화제성을 알아보는 방법 등이 있다. 각각의 결과를 취합하면 존재감의 정도를 수치로 표현할 수 있다. 존재감이 높기로 유명한 브랜드에는 '구글'이 있다. 구글은 1990년에 탄생한 브랜드지만 인터넷 업계에서는 인지도와 비보조 상기율에서 압도적인 1위를 차지하고 있다. 또한 구글의 동향은 항상 인터넷상에서 숱한 화제를 낳는다.

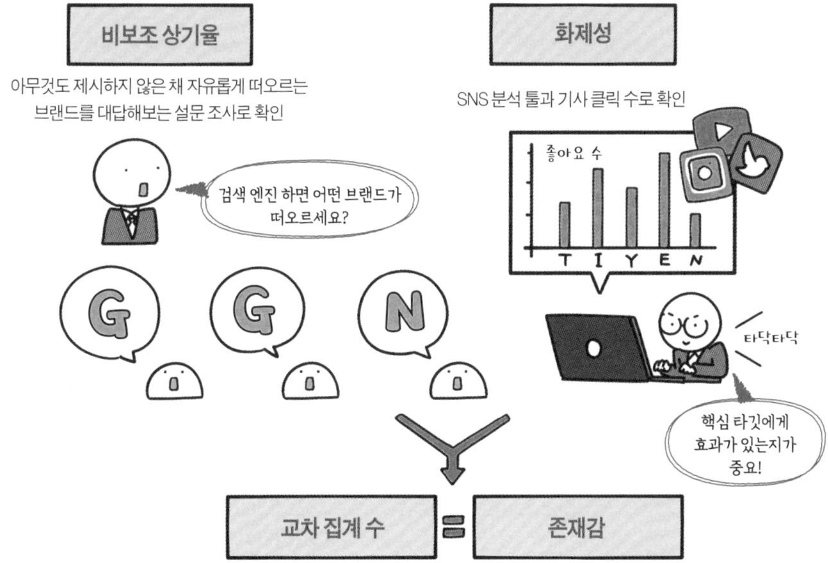
비보조 상기율
아무것도 제시하지 않은 채 자유롭게 떠오르는 브랜드를 대답해보는 설문 조사로 확인
검색 엔진 하면 어떤 브랜드가 떠오르세요?
G
G
N
화제성
SNS 분석 툴과 기사 클릭 수로 확인
좋아요 수
T I Y E N
타닥타닥
핵심 타깃에게 효과가 있는지가 중요!
교차 집계 수
=
존재감

핵심 사항

Check!

① 대내외적으로 우리 브랜드가 어떤 존재로 인식되고 있는가?
② 페이드 미디어를 제외한 브랜드 관계자에게 어떻게 평가받고 있는가?
③ 주요 터치포인트, 채널, 장소 등에서 브랜드가 어떻게 다뤄지고 있는가?

12 참여도 - 고객과의 유대감으로 팬덤 형성하기

멋진 브랜드 체험을 통해 고객의 만족도는 올라가고 브랜드에 대한 유대감이 형성된다. 강력한 팬덤은 브랜드를 장기적으로 지켜주는 핵심 요소다.

브랜드 가치 평가의 마지막 항목은 **참여도**다. 이는 **'고객이 브랜드상을 정확하게 이해하고 깊이 공감하고 있는지, 애착과 일체감을 가지고 브랜드 가치 창조에 함께 참여하고 있는지'**를 말한다. 브랜드의 '존재감'에서는 '브랜드를 어떻게 생각하는지'를 중점적으로 봤다면 '참여도'에서는 '고객이 브랜드상에 깊이 공감하고 유대감을 느끼는지' 또 '스스로 브랜드 앰버서더를 자처하여 기업과 함께 브랜드를 만들어 가는지'가 중요하다. 말하자면 고객이 브랜드의 **팬**이 되었는가가 핵심 조건이다. 고객이 브랜드의 팬이 되면 장래의 브랜드 안정성이 높아진다는 점은 앞에서도 여러 번 언급했다.

고객을 팬으로 만들기

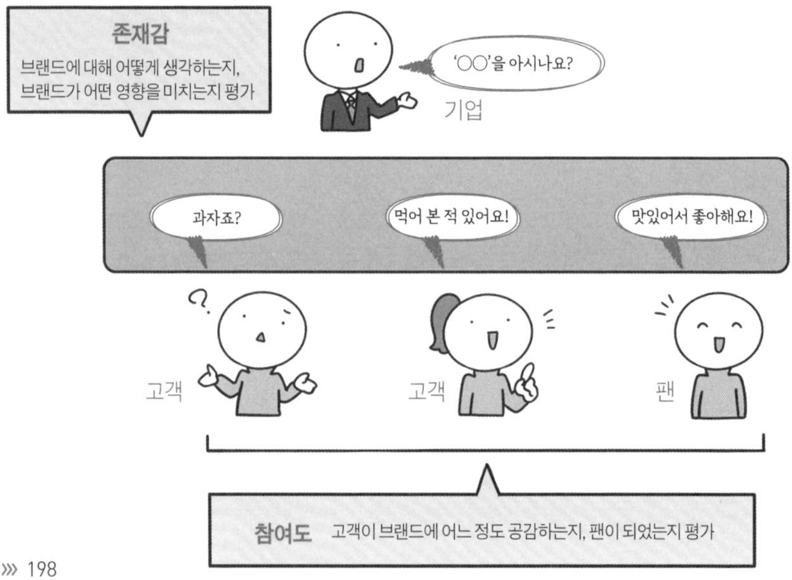
존재감
브랜드에 대해 어떻게 생각하는지, 브랜드가 어떤 영향을 미치는지 평가
'○○'을 아시나요?
기업
과자죠?
먹어 본 적 있어요!
맛있어서 좋아해요!
고객
고객
팬
참여도 고객이 브랜드에 어느 정도 공감하는지, 팬이 되었는지 평가

참여도를 조사하려면 먼저 설문 조사와 인터뷰를 통해 **'브랜드에 대한 지식의 깊이와 질, 고객이 느끼는 일체감의 정도'**와 같은 정서적 항목부터 파악해야 한다. 다음은 고객의 행동을 분석해야 하는데 **다양한 채널에서 이루어지는 고객들의 대화나 소비자의 공동 가치 창출의 내용, 지지 표현** 등을 통해 파악할 수 있다. 이와 같은 조사를 바탕으로 두터운 팬 층을 보유하고 있음이 잘 알려져 있는 브랜드가 '할리 데이비슨'과 '스타벅스'다. 할리 데이비슨은 정기적인 투어링을 통해 고객과의 유대감을 꾸준히 유지하고 있다. 할리 데이비슨의 팬 중에서는 몸에 브랜드 로고를 새길 만큼 열정적인 사람도 있다. 스타벅스는 집도 직장도 아닌 제3의 공간으로서 편안한 안식처를 제공하고, 고품질의 상품과 친절한 고객 응대 서비스로 경쟁사가 늘어나는 와중에도 고객과의 유대감을 통해 강력한 **팬덤**을 유지하고 있다.

공간이 좋다
상품이 좋다
고객 응대가 좋다
평범한 팬
#신상품 #여러분도 드셔보세요
역시 좋아요
팬
브랜드에 공감하고 한 가족이
되어서 공동 가치 창출에 참여해요

핵심 사항

Check!

① 고객의 브랜드에 대한 지식의 깊이와 질은 어떤가?
② 다양한 채널에서 이루어지는 대화, 공동 가치 창출의 내용, 지지 표현은 어떤가?
③ 고객과 소비자가 느끼는 브랜드와의 일체감은 어느 정도인가?

KEY WORD ☑PDCA, 브랜드 가치

13 PDCA로 브랜드 매니지먼트 지속하기

브랜딩은 한 번으로 끝나지 않는다. PDCA 사이클에 따라 개선점을 반영하며 꾸준히 반복하는 것이 중요하다.

지금까지 설명했던 10가지 항목을 고려하면 수준 높은 브랜드 전략을 진행할 수 있다. 이 10가지 항목은 브랜딩 활동을 시작하기 전에도 살펴봐야 하지만, 실행한 후에도 10가지 관점에서 활동을 재검토하며 개선책을 파악해야 한다. **브랜드 매니지먼트는 한 번으로 끝나는 것이 아니라 PDCA의 사이클에 맞춰 꾸준히 반복해야 브랜드 가치를 향상시키고 유지할 수 있다.**

브랜딩 활동은 꾸준히 반복해야 한다

시대와 상황에 맞춰 유연하고 신속하게 변화한다!
브랜드상을 명확하게 정한다!
Plan
계획
브랜드 전략에는 모든 부서가 참가한다
Do
실행
발견한 문제점과 우선순위를 공유한다
Action
개선
10가지 항목을 확인한다
Check
평가

다만, PDCA 사이클을 반복하는 동안에도 브랜드 스토리와 가이드라인은 시대에 발맞춰 유연하게 바꿔가야 한다. 명확한 브랜드상이 바탕이 된 **브랜드 전략은 개발, 생산, 유통, 마케팅, 영업·판매, 고객 응대 등 모든 활동에서 직원들의 구체적인 행동 지침이 되기 때문**에 조직 전체의 변화를 이끈다. 바꿔 말하면 브랜딩에는 일부 부서가 아닌 조직 전체가 참여해야 한다는 뜻이다.

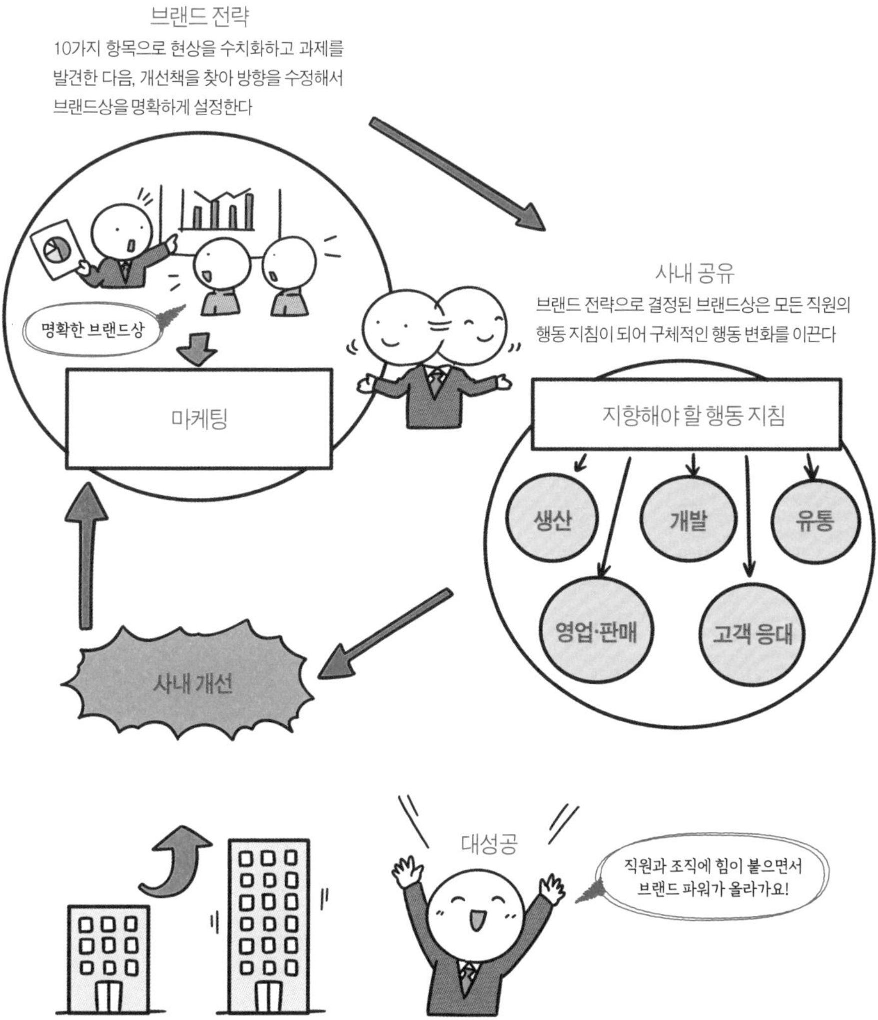

브랜드 전략
10가지 항목으로 현상을 수치화하고 과제를 발견한 다음, 개선책을 찾아 방향을 수정해서 브랜드상을 명확하게 설정한다
명확한 브랜드상
마케팅
사내 공유
브랜드 전략으로 결정된 브랜드상은 모든 직원의 행동 지침이 되어 구체적인 행동 변화를 이끈다
지향해야 할 행동 지침
생산
개발
유통
영업·판매
고객 응대
사내 개선
대성공
직원과 조직에 힘이 붙으면서 브랜드 파워가 올라가요!

한눈에 보는

브랜딩 용어

KEY WORD

>>> p.185

CMO

'Chief Marketing Officer'의 줄임말로 '최고 마케팅 책임자'를 말한다. 마케팅 전략을 세우고 실행하는 대표다. SNS 보급과 데이터 처리 및 분석 기술이 발달하면서 디지털 마케팅의 중요성이 커지자 CMO를 발탁하는 기업이 늘고 있다.

KEY WORD

>>> p.185, 194

모니터링

감시, 관찰, 측정, 검사 등의 의미로, 정해진 대상을 깊이 관찰하는 것을 말하는데 분야에 따라 조금씩 의미가 다르다. 경제 용어에서는 특정 상품과 제품의 매출에 대해 예비조사를 해서 어떻게 하면 매출을 더 올릴 수 있을지, 앞으로의 예측과 평가를 내리는 것을 뜻한다.

KEY WORD

>>> p.197

비보조 상기율

기업과 브랜드의 인지도나 영향력 등을 조사할 때 보기를 주지 않고 자유롭게 떠오르는 브랜드나 기업명을 답한 비율을 말한다. 가령 '○○ 하면 떠오르는 브랜드는?' 하고 질문했을 때 선택지나 사진 등 단서나 힌트 없이 소비자가 그 자리에서 떠오르는 이름을 말해야 한다. 여기서 가장 최초로 응답한 브랜드의 비율을 '최초 상기율'이라고 하며, 반대로 보기나 사진을 제시했을 때 선택하는 비율은 '보조 상기율'이라고 한다.

KEY WORD

>>> p.57, 177

정성조사

그룹 인터뷰처럼 기업이 소비자와 대면해서 의견을 듣는 조사 방법. 얼굴을 맞대고 하는 질의응답이기 때문에 소비자의 생생한 목소리와 숨어있는 심리를 파악할 수 있다. 또한 상품을 선택한 경위와 정서적 동기 등 그래프나 수치로 나타낼 수 없는 상품 구입에 관련된 행동 원리를 알 수 있다.

KEY WORD

>>> p.197

페이드 미디어

TV, 신문, 잡지, 라디오 등 광고비를 지불하고 광고를 내보내는 미디어를 말한다. 주로 불특정 다수인 소비자들이 자주 접하는 매스미디어를 가리킨다.

KEY WORD

>>> p.181

프랜차이즈

본사라고 불리는 프랜차이저(franchiser)가 자사의 상호 및 상표를 사용할 권리와 개발한 상품·서비스·영업 노하우 등을 제공하고, 가맹점인 프랜차이지(franchisee)에게 자사의 브랜드로 영업을 할 수 있도록 하는 사업 계약. 가맹점은 본사에 정해진 가맹금을 내야 한다.

CHAPTER 7

성공 사례로 브랜딩 배우기

디지털 시대가 되면서 기존 마케팅으로는 성장을 지속할 수 없게 되었다. 그래서 많은 기업이 마케팅보다는 브랜딩에 집중하기 시작했다. 7장에서는 브랜딩으로 성공한 기업의 사례를 살펴보면서 브랜딩의 방법과 사고방식에 대해 배워보자.

B

01 진정한 글로벌 기업으로 다시 태어난 산토리 그룹

역사가 깊은 기업일수록 자사의 브랜딩이 완성됐다고 착각하기 쉽다. 하지만 시대에 맞는 브랜딩을 유연하게 구사하지 않으면 결코 성장을 지속할 수 없다.

1899년에 창업한 산토리 그룹은 오랜 역사와 전통을 바탕으로 일본 유수의 브랜드 지위를 확보한 주류 기업이다. 일본 내에서 높은 비율의 인지도와 점유율을 차지하고 있던 산토리 그룹은 2001년부터 새로운 브랜드 전략을 통해 그룹 전체의 **글로벌화**를 꾀했다. **그 결과 매출액이 약 13조 9,401억 원에서, 2016년에는 약 2배인 25조 6,233억 원에 이르고 해외 매출 비율이 17%나 증가하는 등 엄청난 성과를 거두었다.**

현지에 맞춘 이너브랜딩으로 성공하다

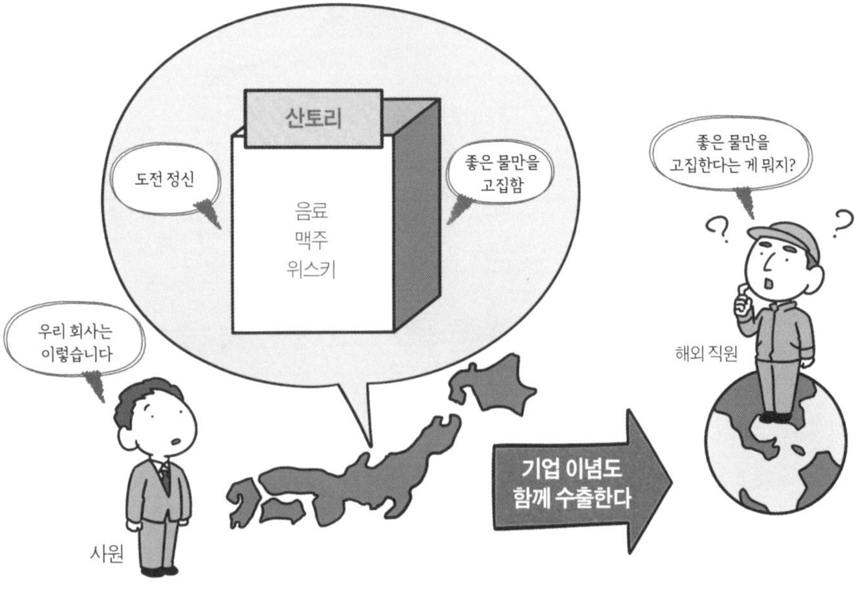
산토리
음료
맥주
위스키
도전 정신
좋은 물만을 고집함
좋은 물만을 고집한다는 게 뭐지?
우리 회사는 이렇습니다
해외 직원
기업 이념도 함께 수출한다
사원

글로벌 기업은 각 나라의 문화 차이로 해외 직원에게 기업 이념을 전달하기가 쉽지 않다. 산토리 그룹도 글로벌 시장에 진출할 때 브랜드 가이드라인 등을 작성해서 배부했지만 일본어를 단순히 각 나라의 언어로 직역해서 만든 가이드라인은 기업의 가치관과 의식을 깊이 있게 전달하지 못했다. 그래서 글로벌한 일체감을 만들기 위한 부서를 신설하여 산토리만의 문화와 이념을 전달하는 데 공을 들였다. 이를 통해 언어와 문화의 차이를 초월하여 기업 이념에 대한 이해도가 높아지자 해외 직원들의 **현지화**가 일어나고 업무 의욕이 올라갔다. 이후 일본과 산토리의 문화가 한데 담긴 해외시장용 진gin인 '로쿠ROKU'가 개발·판매되었고, 세계적 규모의 브랜딩을 추진하는 데 성공했다. 이처럼 산토리는 철저한 이너브랜딩을 통해 글로벌 기업으로 우뚝 설 수 있었다.

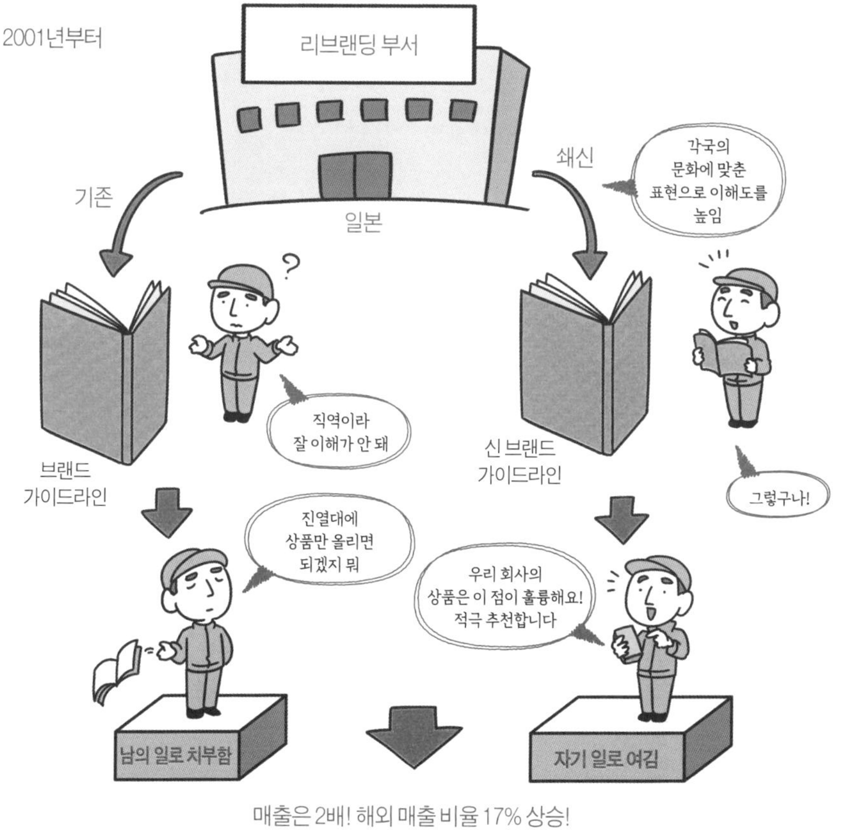

2001년부터
리브랜딩 부서
일본
기존
쇄신
각국의 문화에 맞춘 표현으로 이해도를 높임
직역이라 잘 이해가 안 돼
브랜드 가이드라인
신 브랜드 가이드라인
그렇구나!
진열대에 상품만 올리면 되겠지 뭐
우리 회사의 상품은 이 점이 훌륭해요! 적극 추천합니다
남의 일로 치부함
자기 일로 여김
매출은 2배! 해외 매출 비율 17% 상승!

02 정체에 빠진 업계의 혁명아에서 새롭게 태어난 마쓰모토키요시

브랜딩의 성공사례로 들 수 있을 만큼 널리 알려졌던 마쓰모토키요시도 경쟁사의 추월로 어려움에 직면했었다. 하지만 리브랜딩을 통해 부활에 성공했다.

일본에서는 **'도시형 드러그스토어'*를 흔히 볼 수 있는데 이를 최초로 시작한 기업**이 바로 '마쓰모토키요시'다. 마쓰모토키요시는 1987년 일본 도쿄의 우에노에 위치한 재래시장 아메요코에 첫 매장을 연 이후 수도권뿐 아니라 지방의 소도시까지 점포 수를 늘리며 혁신적인 브랜드로 자리매김했고, 1995년에는 업계 1위로 뛰어올랐다. 2005년에는 PB 상품인 'MK 커스터머'를 출시, 의약품뿐 아니라 식품, 생활용품, 화장품 등 다양한 상품을 갖춰 폭넓은 고객층의 지지를 얻으며 '마쓰키요'라는 친근한 약칭으로 불리

* **도시형 드러그스토어**: 우리나라의 약국보다는 미국의 드러그스토어에 가까운 대형 생활용품점이다. 약은 물론이고 생활용품, 화장품 등 다양한 상품이 구비되어 있다.

독자성으로 타사와 차별화를 꾀하다

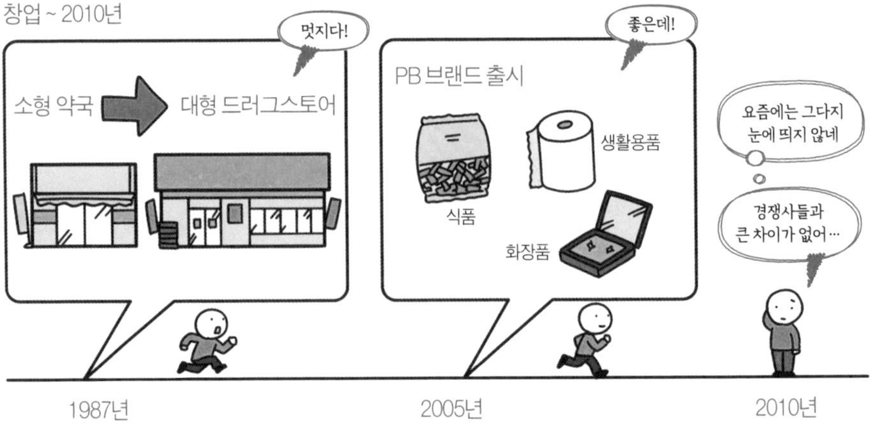

곤 했다. 하지만 2010년 이후에는 뒤를 바짝 쫓아오는 경쟁사, 비슷한 종류의 상품을 다루는 매장들이 생겨남에 따라 고전을 면치 못했다.

이러한 상황을 극복하기 위해 2015년에는 **새로운 PB 상품을 출시하며 리브랜딩**을 진행했다. 이전까지 판매해온 'MK 커스터머'를 폐지하고, 새로운 PB 브랜드인 '마쓰키요matsukiyo'를 출시한 것이다. 또한 '삶을 즐겁게 만든다'라는 브랜드 비전과 '일상을 보다 아름답고 건강하며, 즐겁게 장식할 아이디어가 있는 오리지널 브랜드'라는 콘셉트를 내세웠다. 말하자면 고객의 즐거운 쇼핑을 기업의 목표로 잡은 것이다. 더불어 브랜드 로고와 함께 상품의 포장도 알아보기 쉬우면서도 즐거움까지 선사할 수 있도록 변경했다. 이처럼 어디에서도 볼 수 없는 **특색 있는 상품을 제공하겠다는 기업 이념을 전국의 모든 매장에서 실현해내면서 경쟁사와의 차별화에 성공했다.** 그 결과 3년 만에 매출이 2015년 대비 130%나 올라갔다.

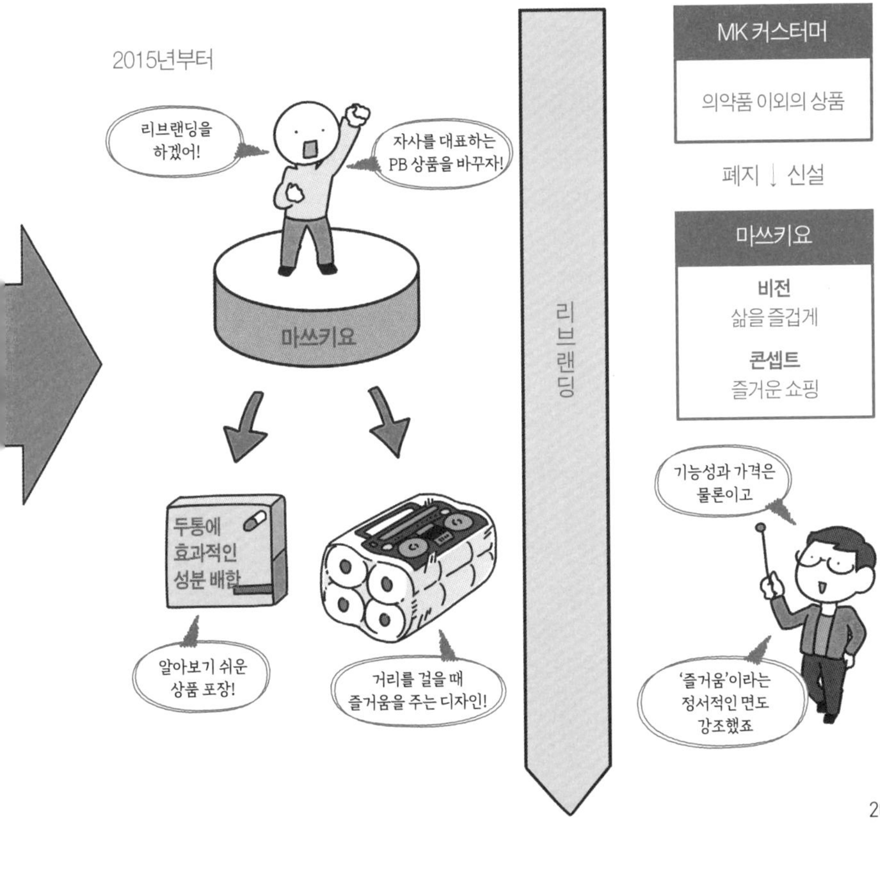
2015년부터
리브랜딩을 하겠어!
자사를 대표하는 PB 상품을 바꾸자!
마쓰키요
두통에 효과적인 성분 배합
알아보기 쉬운 상품 포장!
거리를 걸을 때 즐거움을 주는 디자인!
리브랜딩
MK 커스터머
의약품 이외의 상품
폐지 ↓ 신설
마쓰키요
비전
삶을 즐겁게
콘셉트
즐거운 쇼핑
기능성과 가격은 물론이고
'즐거움'이라는 정서적인 면도 강조했죠

03 리브랜딩으로 경영 위기에서 벗어난 마쓰다

한때 경영 위기에 빠졌던 일본의 자동차 브랜드 마쓰다는 어떤 브랜드 전략으로 실패를 극복했을까?

일본 판매 점유율 4위를 자랑하는 자동차 브랜드 마쓰다는 1990년대에 '마쓰다 지옥'이라고 불릴 정도로 힘든 시기를 겪었다. 이는 버블 경제가 최고조를 달리던 시기에 새로운 판매 전략인 '5채널 체제'를 실행하면서 시작됐다. **차종에 따라 판매 채널을 다섯 개로 나누고 폭넓은 고객층을 확보하고자 상품의 라인업을 대량으로 늘린 것이다. 하지만 라인업별로 차별화가 충분히 이루어지지 않은 채 자동차 모델만 늘어나자 마쓰다라는 자동차 브랜드의 색깔이 사라지고 말았다.** 결국 브랜드 이미지는 혼란스러워졌고 판매 대수는 뚝뚝 떨어졌다. 게다가 모델 수를 급격하게 늘리면서 연구개발비가 많이 들어가자 경영은 더욱 어려워졌다. 결국 1996년 일본의 버블 경제가 붕괴되면서 마쓰다는 미국의 자동차 회사 포드에 인수됐다.

높은 기술력이 브랜드 가치가 될 때까지

마쓰다 지옥이라고
불리다니…
우리 회사 밑으로
들어와!
이미지를
쇄신해야겠어
마이너스
버블 붕괴
리먼 쇼크 때문에
안녕!
라인업을
너무 늘렸어!
1990년대
2000년대

2002년부터는 다시 브랜드 이미지를 쇄신하기 위해 노력했지만 2008년 리먼 쇼크로 위기를 맞은 포드사에서 자본을 축소하면서 다시 한번 경영 위기에 봉착했다. 이때 마쓰다가 새롭게 택한 전략은 전 모델의 속성을 일정하게 만들어 자동차 제조의 기초를 통일하는 것이었다. 여기서 탄생한 것이 마쓰다의 기술을 갈고 닦아 만든 최고의 성능을 자랑하는 **스카이액티브-X 기술**이었다. 또한 '자동차에 생명을 불어넣는다'는 의미의 '혼동魂動' 디자인을 추구하며 2012년부터 본격적으로 상품의 품질을 높여나갔다. 더불어 2%의 팬을 만족시키기 위해 자동차를 만든다는 마쓰다의 전략을 철저하게 지켜나가자 **'자동차가 좋다면 마쓰다'라는 브랜드 이미지를 재구축하는 데 성공**했다. 이와 같은 리브랜딩 전략을 통해 마쓰다는 재팬 브랜딩 어워드 수상과 함께 올해의 차로 선정되기도 했다.

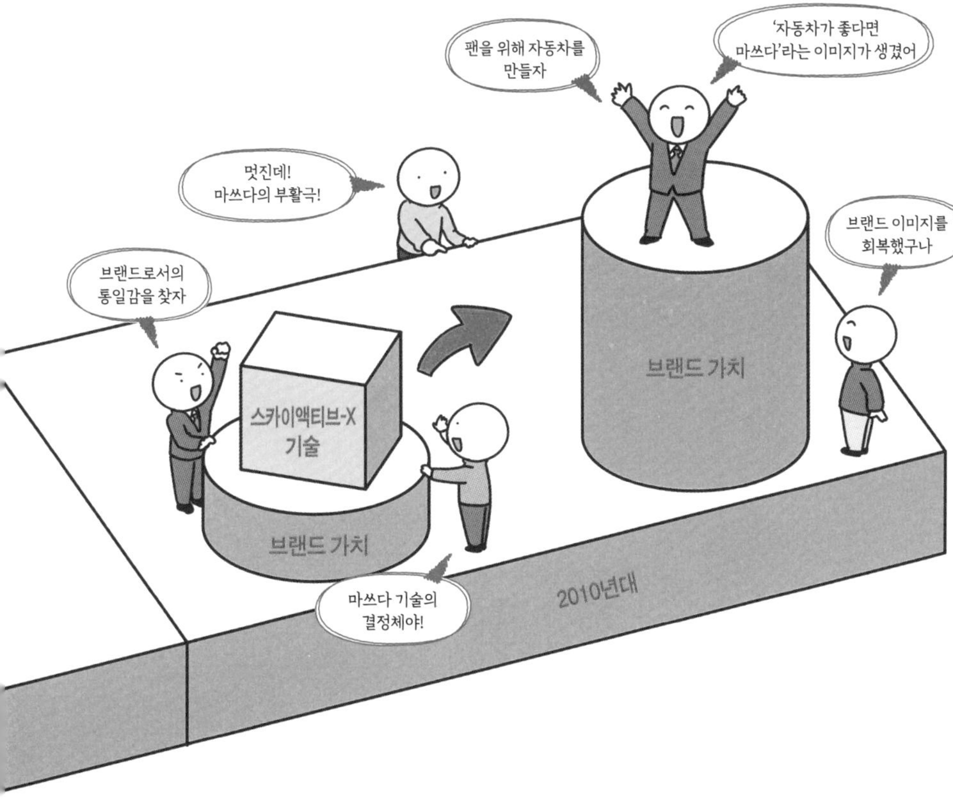
팬을 위해 자동차를 만들자
'자동차가 좋다면 마쓰다'라는 이미지가 생겼어
멋진데! 마쓰다의 부활극!
브랜드 이미지를 회복했구나
브랜드로서의 통일감을 찾자
브랜드 가치
스카이액티브-X 기술
브랜드 가치
마쓰다 기술의 결정체야!
2010년대

04 그룹의 연대감을 강화하여 성공한 다이와하우스

'창업자의 꿈을 실현하겠다'는 목표를 이루기 위해 그룹 전체의 리브랜딩을 진행한 다이와하우스의 사례를 살펴보자.

일본에서 손꼽히는 주택 건설 회사인 '다이와하우스'는 상업 건축, 호텔, 홈 센터 등으로 사업 영역을 확장하며 그룹 전체의 매출 규모가 약 10조 원을 넘어서는 성과를 달성했다. 하지만 저출산 고령화 시대에 맞춰 복합 사업체로 성장하기 위한 변화가 필요하다고 판단되자, 2005년부터 **그룹 내의 다양한 사업을 연결하고 고객과의 관계를 강화하기 위한 리브랜딩을 진행**했다. 그 결과 기업 이미지를 큰 폭으로 향상시키는 데 성공하며, 지금도 '창업 100주년 때는 매출액 약 100조 원을 달성하겠다'는 창업자의 꿈을 위한 여정을 계속하고 있다.

브랜드상을 그룹 내 공유하여 성과를 올리다

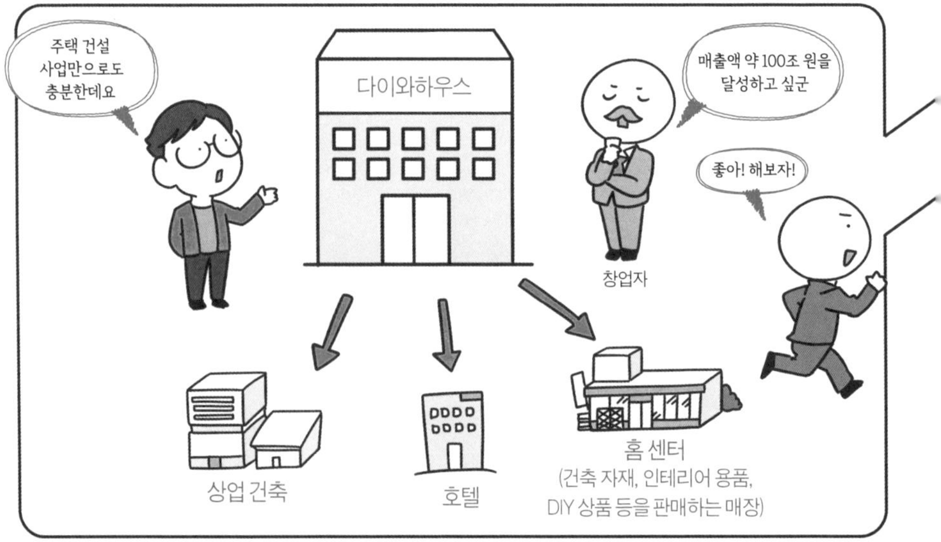
주택 건설
사업만으로도
충분한데요
다이와하우스
매출액 약 100조 원을
달성하고 싶군
좋아! 해보자!
창업자
상업 건축
호텔
홈 센터
(건축 자재, 인테리어 용품,
DIY 상품 등을 판매하는 매장)

다이와하우스는 먼저 '사람·거리·삶의 가치를 공동 가치 창출하는 그룹'이라는 새로운 포지셔닝을 설정했다. 그리고 기업이 가고자 하는 길을 명확하게 정하고 이를 상징하는 **브랜드 심벌마크**인 '엔드리스 하트endless heart'를 만들었다. 창업 50주년을 맞이하여 그룹에 새로운 심벌마크를 공표하고, TV와 신문 광고를 통해 기업의 새로운 목표를 알리며 리브랜딩을 추진한 것이다. 이 과정에서 나온 함께 만들고 함께 산다는 의미의 '공창공생共創共生 시리즈' 광고는 수많은 상을 휩쓸 만큼 높은 평가를 받았다. 그룹 전 사원의 마음을 하나로 모아 강력한 경영 체제를 구축하겠다는 목적으로 시행된 **새로운 심벌마크 도입이 직원들의 업무 의욕을 올려주면서** 그룹 매출액은 2.8배까지 늘어났다.

우리 그룹은
이렇게 하고 싶소!
그룹이라니, 어쩐지 감이 안 오는데
다이와하우스
상업 건축
호텔
홈 센터
브랜드 심벌마크
엔드리스 하트
다이와하우스
기업 이념이
한눈에 들어오는군
상업 건축
하트구나!
마음을 담아 만들겠어!
고객들을 위한다는
마음으로!
호텔에서도
중요해요!
호텔
홈 센터

05 제품의 가치를 소생시킨 레프라이트

자사의 뛰어난 기술적 강점을 활용도 해보지 못하고 소멸될 위기에 처했던 레프라이트는 비전을 바꾸고 타깃을 재설정하는 리브랜딩을 통해 부활에 성공했다.

기업과 소비자 간의 거래인 **BtoC** 비즈니스에서는 소비자의 욕구를 읽어서 상품을 개발하는 것이 중요하지만, 기업과 기업 간의 거래인 **BtoB** 비즈니스에서는 기업이나 브랜드의 욕구를 만족시키는 것이 중요하다. 이 경우에는 가능한 효율적으로 원자재나 부품 등을 제공해야 하는데 기업의 욕구에 맞지 않는 기술은 자연스럽게 도태될 수밖에 없다. '레프라이트Ref-Lite'에서는 컬러 반사 직물을 만들 수 있는 독자적이고 뛰어난 기술을 보유하고 있었지만 패션 브랜드 업계에는 알려지지 못하고 그대로 묻혀있는 상황이었다. 패션 업계보다는 주로 작업복을 만드는 기업을 대상으로 비즈니스를 해왔는데 그들에게는 천이 단순히 빛을 반사하여 눈에 띄면 그만이지 다채로운 색을 반사할 필요는 없었기 때문이다.

독자성을 활용한 리브랜딩

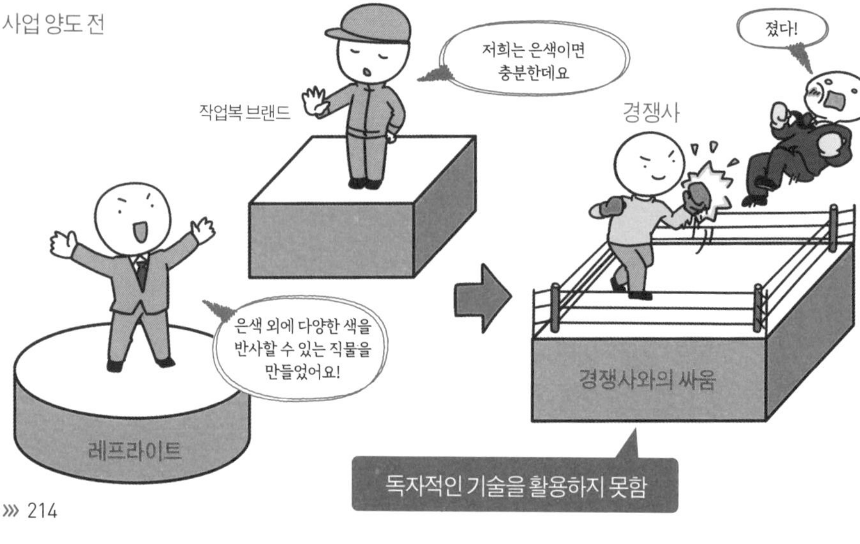
사업 양도 전
작업복 브랜드
저희는 은색이면 충분한데요
은색 외에 다양한 색을 반사할 수 있는 직물을 만들었어요!
레프라이트
경쟁사
졌다!
경쟁사와의 싸움
독자적인 기술을 활용하지 못함

그리하여 레프라이트의 **컬러 반사 직물**은 기존의 BtoB 비즈니스 거래처에 외면 받으며 기술을 써보지도 못한 채, 2015년에 '미폭스Mipox' 사에 사업을 양도하게 되었다. 사업 양도 후에는 '빛으로 세상을 바꾼다'는 새로운 브랜드 비전과 '빛나자, 끝없이 다채로운 색으로'라는 브랜드상을 설정하며 리브랜딩을 진행했다. 또한 직원들을 대상으로 '새롭게 태어나자'는 이너브랜딩도 함께 진행했다. 리브랜딩을 통해 레프라이트는 패션 업계의 디자이너를 대상으로 마케팅을 했고, 그 결과 새로운 패션 소재의 지위를 확립하게 되었다. **패션 업계에서 이미지가 크게 상승하자 이어서 기능성이 높은 공업용 소재도 차례로 발표하여 기능성을 추구하는 이들의 욕구에도 대응했다.** 리브랜딩을 통해 신규 고객까지 유치할 수 있었던 것이다.

사업 양도 후

독자성!
다양한 색깔로
빛을 반사하는 천!
레프라이트
소재로 활용해보시면
어떨까요?
그다지 필요 없어
보이는데요
담당자
영감을 주는
소재네요
우리 소재는 이렇게
뛰어납니다
패션 디자이너
리브랜딩
이러한 소재를 원하는
고객이 있을 거야
패션 상품에
쓸 수 있지 않을까?
소재 구매 담당자와는
말이 통하질 않네
설계를 담당하는
디자이너와
이야기해보자!

06 브랜드 가치를 변경하여 코로나 위기를 극복한 시다스

때로는 기존의 터치포인트에서 이루어진 브랜딩이 실행 불가능한 상황에 처하기도 한다. 시다스는 브랜드 가치를 변경하여 새로운 터치포인트와 고객을 확보해 브랜드 파워를 향상시켰다.

프랑스 프리미엄 인솔(insole) 브랜드 '시다스'는 고기능성 깔창으로 많은 운동선수에게 사랑받으며 세계적인 브랜드로 성장했다. 하지만 기본적으로 스포츠나 의료용품점에서 판매되다 보니 코로나바이러스 여파로 문을 닫는 매장이 늘어나자 판매량이 급격히 떨어지기 시작했다. 이에 온라인 판매를 강화하는 것이 시급한 과제가 되었다. 게다가 구두를 자주 신는 서양과 달리 동양에서는 '인솔'에 대한 욕구가 약했다. 걷는 자세를 바로잡아서 발의 피로를 줄여주는 고기능성 깔창에 대한 인식이 부족한 탓에 **잠재적 고객이 있음에도 불구하고 그들에게 영향력을 발휘하지 못한 탓**이었다.

그래서 시다스는 브랜드 가치를 수정하여 발을 감싸는 힘과 안정성, 쾌적함과 같

코로나 팬데믹으로 브랜드 전략을 변경하다

코로나 이전

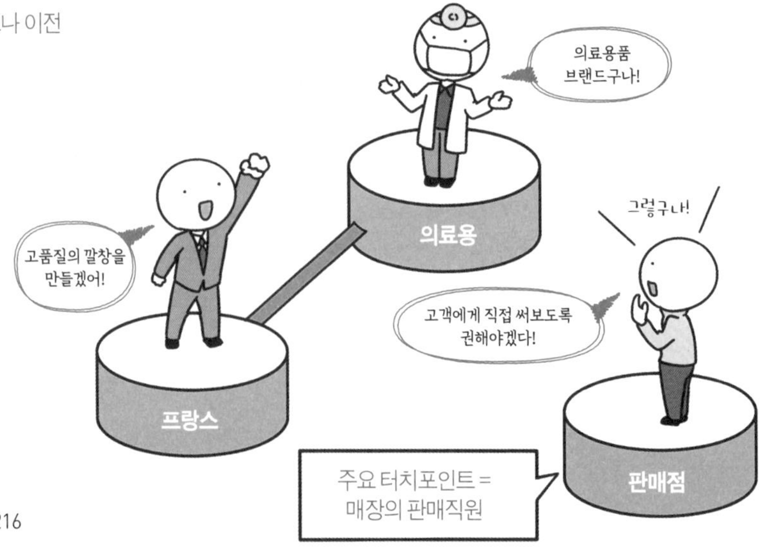
의료용품
브랜드구나!
의료용
그렇구나!
고품질의 깔창을
만들겠어!
고객에게 직접 써보도록
권해야겠다!
프랑스
판매점
주요 터치포인트 =
매장의 판매직원

은 기능적 가치뿐 아니라 운동 능력을 올려서 얻을 수 있는 기쁨과 같은 정서적 가치에 주목하기로 했다. '발에서부터 움직임이 달라진다'를 브랜드상으로 설정하고, 운동 능력을 올리고 싶은 일반인을 타깃으로 삼았다. 스포츠용품이라는 틀에서 벗어나 보다 많은 사람이 사용할 수 있도록 리브랜딩을 진행한 것이다. 한 번도 깔창을 써 본 적 없는 사람을 위해 브랜드 최초로 일반인용 모델을 개발해 일본 크라우드 펀딩 사이트 '마쿠아케Makuake'를 통한 판매에도 도전했는데, 3일 만에 목표치를 크게 웃도는 612%의 매출을 달성해냈다. 또 브랜드 커뮤니케이션의 일환으로 전 사원이 SNS 메시지를 작성하도록 했고, 인솔에 대한 인지도 확대를 위해 PR 활동도 강화했다. 소비자의 욕구와 트렌드를 의식한 SNS 글은 화제가 되면서 여러 미디어를 통해 다뤄지기도 했다. 타깃을 재설정하면서 **터치포인트**가 확대되고 새로운 고객을 확보하는 데 성공한 것이다. 현재 시다스의 아마존 매출은 기존보다 2.5배까지 올라갔다.

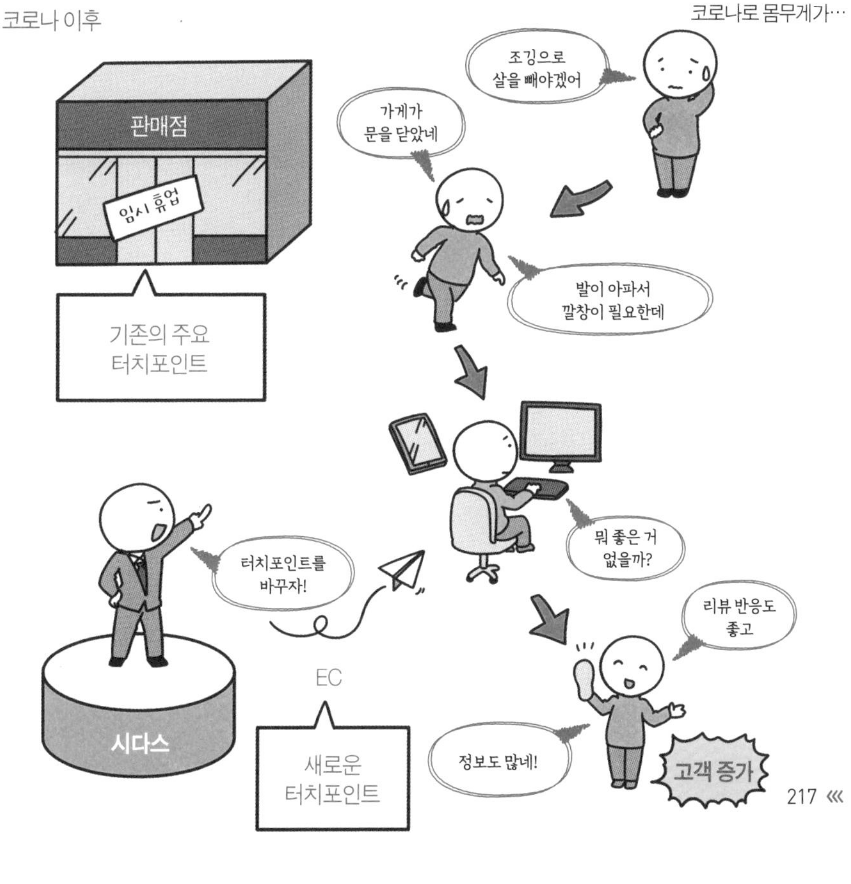
코로나 이후
코로나로 몸무게가…
조깅으로 살을 빼야겠어
판매점
임시 휴업
가게가 문을 닫았네
발이 아파서 깔창이 필요한데
기존의 주요 터치포인트
뭐 좋은 거 없을까?
터치포인트를 바꾸자!
리뷰 반응도 좋고
시다스
EC
새로운 터치포인트
정보도 많네!
고객 증가

찾아보기

숫자·영어 알파벳

ㄱ

ㄴ

ㄷ

ㄹ

참고자료

『그림으로 이해하는 브랜드 매니지먼트』(개정판), 주식회사 하쿠호도 컨설팅, 일본능률협회 매니지먼트 센터

『디지털 시대의 기초지식 브랜딩』, 야마구치 요시히로 저, 쇼에이사

『브랜드 리더쉽』, 데이비드 아커·에릭 요컴스탈러 저, 프리프레스

『브랜딩』, 나카무라 마사미치 저, 니혼게이자이신문 출판사

『브랜딩의 7가지 원칙』(실천편), 인터브랜드 재팬, 니혼게이자이신문 출판사

『브랜딩이 90%』, 오토하타 미쓰오 저, 세이 출판사

『작은 회사를 강하게 만드는 브랜드 만들기 교과서』, 이와사키 구니히코 저, 니혼게이자이신문 출판사

※ 이 책에 수록된 일부 내용과 참고 도판은 상기 도서에서 발췌하여 재인용 하였습니다.

brandcolors.net

p. 132 컬러 차트

『브랜딩의 7가지 원칙』(개정판), 인터브랜드 재팬, 니혼게이자이신문 출판사

p.34~35 브랜드 가치 평가 방법

p.52~53 브랜딩 3단계와 8가지 요소

p.58~59 브랜딩 포지셔닝과 브랜드 퍼스털리티

p.92 고객 세분화를 위한 4가지 기준

p.124 인터브랜드의 4분면 분석 모델

p.180~199 인터브랜드의 10가지 지표

『브랜드 7가지 원칙 성공기업의 세계표준』(개정판)

p.158~159 브랜드 인게이지먼트로 브랜드 의식 높이기

'자산으로서의 브랜드 데이비드 아커 교수의 연구를 바탕으로', 월간『사업구상』, 2016년 7월호, 아쿠쓰 사토시 (히토쓰바시 대학원 국제 기업전략연구과 교수) 글, http://www.projectdesign.jp/201607/ningen/003046.php

p. 39 4P에서 4E로

『홍보회의』, 2019년 3월호, https://mag.sendenkaigi.com/kouhou/201903/

p. 141 일관성 있는 브랜드 메시지

デジタル時代に知名度ゼロから成功する! ブランディング見るだけノート

DIGITAL JIDAI NI CHIMEIDO ZERO KARA SEIKOU SURU!
BRANDING MIRU DAKE NOTE by Mitsuo Otohata

Copyright © 2021 by Takarajimasha, Inc., Tokyo
Original Japanese edition published by Takarajimasha, Inc.,
Tokyo Korean translation rights arranged with Takarajimasha,Inc.,
Tokyo through Shinwon Agency Co., Seoul Korean translation rights © 2023 by BOOKERS (Inc. EUMAKSEKYE)

이 책의 한국어판 저작권은 신원 에이전시를 통한 저작권자와의 독점계약으로 북커스에 있습니다.
저작권법에 의해 한국 내에서 보호를 받는 저작물이므로 부단전재와 무단 복제를 금합니다.

알아두면 돈이 되는
브랜딩

초판 1쇄 발행 2023년 3월 10일

감수자 오토하타 미쓰오
옮긴이 이정미

편집 이동은, 김주현, 성스레
미술 강현희, 정세라
마케팅 사공성, 강승덕, 한은영
제작 박장혁

발행처 북커스
발행인 정의선
이사 전수현

출판등록 2018년 5월 16일 제406-2018-000054호
주소 서울시 종로구 평창30길 10
전화 02-394-5981~2(편집) 031-955-6980(마케팅)
팩스 031-955-6988

ISBN 979-11-90118-50-7 (03320)

• 북커스(BOOKERS)는 (주)음악세계의 임프린트입니다.
• 값은 뒤표지에 있습니다.
• 파본이나 잘못된 책은 구입하신 서점에서 교환해 드립니다.